中外巨人传

朱 元 璋

孙 琰 著

辽海出版社

图书在版编目（CIP）数据

朱元璋 / 孙琰 著. —沈阳：辽海出版社，2011.12
（中外巨人传）
ISBN 978-7-5451-1164-4

Ⅰ. ①朱…　Ⅱ. ①孙…　Ⅲ. ①朱元璋（1328～1398）—传记
Ⅳ. ①K827=48

中国版本图书馆 CIP 数据核字（2011）第 234176 号

责任编辑：柳海松
责任校对：顾　季
装帧设计：马寄萍

出 版 者：辽海出版社
　　　地　　址：沈阳市和平区十一纬路 25 号
　　　邮　　编：110003
　　　电　　话：024-23284473
　　　E-mail:dyh550912@163.com
印 刷 者：天津海德伟业印务有限公司
发 行 者：辽海出版社

幅面尺寸：165mm×230mm
印　　张：13.5
字　　数：151千字

出版时间：2012 年 5 月第 1 版
印刷时间：2019 年 1 月第 4 次印刷
定　　价：29.80 元

◦目　录◦

前　言

　　经过年余的努力写作，《朱元璋》这一大人物的"小传"终于在春寒料峭、万物待苏之初春完稿付梓了！愿这本小书能为人们茶余饭后的文化生活带来悦读的安逸，如同一丝暖暖的春意沁人心脾。

　　说起明朝开国皇帝朱元璋，可谓家喻户晓，妇孺皆知。这是一位传奇式的历史人物，从默默无闻的微贱小民一跃成为了赫赫大明王朝的开创者，经历神乎其神，令人难以置信。但的确是事实，让人们充满了研究的好奇和浓厚的兴趣，学术界、文化界以及政界都对朱元璋的奋斗史产生了孜孜以求的向往。这也恰好说明，大明王朝的建立在中国历史上占有非常重要的地位，对中国历史的发展产生了深远的影响。因此，有关朱元璋的研究成果，自从20世纪60年代吴晗先生的《朱元璋传》正式问世，历经约半个世纪的中国社会文化的发展，中国大陆以及海外又相继出版了许许多多有关研究朱元璋的新作，成绩斐然。

　　利用这样一个丰富的资源平台，本书在写作过程中参考了一些已出版的研究朱元璋的著作，特别是参考了家父孙文良所著《明帝列传·洪武帝》一书，可以说作者写的这本《朱元璋》就是在此书的基础上，修改、删减、补充而成。为此，本书试图做到：

通俗易懂。力求大众化、普及化，增加趣味性、可读性；少用艰涩的古文，基本用现代通俗的语言来叙述，或阐述朱元璋不平凡的人生历程。

有详有略。本书在写作过程中，以突出朱元璋的成功之路、统治方略，以及从一个帝王的个人所好、私人生活来反映朱元璋的全貌为主线，按照时间顺序归纳 15 个专题，即：艰辛中成长、投身红巾军、建立根据地、翦除二雄、乘胜北伐直捣大都、开创大明国、强化中央集权、振兴农工商业、以法为治本、发展教育文化、选贤与纳谏、勤政与慎好、心系安危、大案与大狱、家事与晚年之喜忧，等等。其中"家事"把诸王子以及女儿的情况叙述得较为详尽。

是非分明。人都有两面性的，客观地说就是有肯定的一方面，也有遭到贬斥的一方面，朱元璋也不例外。在他辉煌统治的背后，也暴露出他残忍、狠毒的一面。比如，他制造的"大案与大狱"，时间之长，且以数以万计的无辜为代价，等等如此内容在本书中都有详尽叙述。

夹叙夹议。本书不仅叙述朱元璋的故事，而且还对其加以评说；不仅有诸多史家的评论，还有作者自己表达的观点，试图把朱元璋说"透"，让读者更明白其所作所为。

纵观《朱元璋》这本小书，作者始终要阐明两个观点，一是朱元璋为什么能打江山成为明王朝的开国皇帝；二是朱元璋为什么能坐住江山，开创了统治中国二百多年的大明王朝。本书力求客观、公正地评价朱元璋。朱元璋是一个活生生的、有血有肉的人，他的一生就是一部个人成长史，轰轰烈烈，无比辉煌，他成功了！朱元璋不是封建社会惯有的法定继承人，而完全是靠个人的努力奋斗而取得的有明一代的皇帝。

朱元璋又是一时代的"弄潮儿"。他以武力改变了异族统治中国几百年的历史局面，他顺应时代的需要，带领受压迫的农民反抗腐朽的元朝统治；又率领众起义军翦除周围的敌对势力，最终取得了胜利。朱元璋聪明、智慧，能力过人，这是他成功很重要的一方面；另一方面，朱元璋周围有一些贤能、慧达之人，组成智囊团，出谋划策。天时、地利、人和，成就了朱元璋有明一代开国皇帝的历史现实。

俗话说得好，打江山容易坐江山难。朱元璋建立了朱家王朝，他要维护自己的统治政权，让朱家统治代代相传，长治久安，这毋庸置疑！于是，也成就了朱元璋的有所作为和建树：他反对沿袭元朝的制度，采取宽严相济的统治政策，在政治上建立高度的中央集权制，经济上实行惠民政策，发展生产，军事上设置卫所，派诸王子为封疆大吏，巩固边防，这样，明朝初期社会发展蒸蒸日上，蓬勃向前，国力不断增强，在中国历史上乃至在世界历史上，树立了一个封建专制制度集大成者暨封建专制王朝发展完善的典范，使其后朝受益匪浅。

这就是《朱元璋》这本书所写的朱元璋！把一个生动、鲜活的封建皇帝朱元璋呈现给广大的读者。

一、 艰辛中成长

1. 困苦的童年

中国历史上封建帝王的成长史，最富有传奇色彩的，也是最让人感兴趣的，要属明朝开国皇帝朱元璋了。他从默默无闻的微贱小民一跃而成为了赫赫大明王朝的开创者，经历神乎其神。但的确是事实，毋庸置疑。朱元璋出生在淮河流域的中原地区，就是今天的安徽凤阳。据《左传》记载："禹会诸侯于涂山，执玉帛者万国。"涂山就是淮右地方的濠州钟离，今天的安徽凤阳。大禹王能在这里召集万国诸侯，说明这块宝地曾是古代政治、军事的中心，有王者气。朱元璋作为又一王者，就降生在这里的濠州钟离东乡，时间是元朝文宗天历元年——1328 年 9 月 18 日。其实朱元璋生在元朝末年，个人经历极端悲惨。

现今，在安徽凤阳龙兴寺里的朱元璋画像两旁挂着一副对联，像似一张履历简表，概括了大明开国皇帝的一生。对联是这样写的：

生于沛，学于泗，长于濠凤郡，昔钟天子气。

始为僧，继为王，终为帝龙兴，今仰圣人容。

朱元璋艰辛的成长历程形成了万众瞩目的传奇史迹，在历代帝王中确是少见的，于是在朱元璋出世前后，有些近似神话的传说，这也是中国古代历史上惯有的。说朱元璋降生的那一刻，红光满屋，香味不散；而且连续几天朱家夜里总是有光，邻里从未见过这般情景。朱元璋生下来就不能吃东西，据说这倒是真的，这可急坏了孩子的父母。父亲朱世珍到处求医问药，毫无结果。回家刚进门，只见一又高又大的僧人，倚坐门旁，问世珍缘由，告知后，僧人说："无妨，到半夜子时（11点至1点钟）孩子自己会吃的"。果然，到了半夜，一切如僧人所言。还有一说，说朱元璋来到世上没几天就病了，其父抱着他到了寺庙，不巧，寺里没僧人，无奈只好再抱着回家。就见房屋的东檐下有一僧人，面壁而坐，回过头说要把孩子抱过来，并用手摸摸头顶，于是孩子当天病就好了。也许是因为孩子得救于僧人，朱世珍产生了等孩子长大定要皈依佛门，以报救治之恩的想法。

朱元璋祖姓邾，据说他们远古的祖先为先帝颛顼之后，至周武王时封其苗裔于邾。到了春秋时代，子孙们又图方便，去掉右边的邑旁，干脆留下一个朱字，便成了朱姓。朱元璋降生后，按习俗，幼名重八，长大叫兴宗，投奔郭子兴后又改叫元璋，这是诸多史书记载，并为人们所熟知的名字。但是，除此之外，他在富贵之后，还曾改过名字叫元龙，字国瑞。不久，因龙字容易犯忌讳，把偏旁改为帝字，写成"龘"。元龙这个名，据说故里老乡亲都曾叫过。

朱元璋在发达富贵之后，常常提到他年少时个人和家里的境况，生活很艰难，非常贫穷。在那个时代谈"艰辛""贫寒"，不但不能增添荣誉，反而被人歧视。开始，朱元璋对此并不回避。朱元璋的祖父，原本是身份低于平常人的"淘金户"。因他们家居住的地方不产金银，为了定期向官府交金课税，经常到外地买来金子上交，况且课税额逐年增加，淘金户却逐年减少，所剩者不到十分之一，而且贫不聊生。南京这个地方无金可采，停罢淘金，但江浙一代金课税并没减少，照常缴纳。官府便让继续供役的人代其交税，这样，代输者很多因此破产，朱家就属于这些贫困得难以为继的人群中之人，不得已迁徙至邻县的盱眙泗州务农。到朱元璋的祖父去世时，已处于"家田消乏"的窘境了。无奈，只好四处逃荒。淮河岸边的盱眙、钟离等地都留下了他们的足迹。但是，朱元璋的父亲与伯父二人虽贫穷，但很热心务本积德，淳厚善良，乡里乡亲都称他们为"善人"。尽管如此，颠沛流离的生活从未改善过。

可贵的是，这个朱家，即使他们一无所有，也从未放弃对美好愿景的想往，盼望着有朝一日能有奇迹出现。在几个孩子当中，长辈们把希望都寄托在了这个小儿子重八的身上，确实朱元璋自幼就有高于同龄人之处。史书记载说，朱元璋"姿貌雄杰，奇骨贯顶。志意廓然，人莫能测。"这个特殊的相貌，足以引人注目。于是朱元璋成了被寄于厚望的人选。到了读书上学的年龄，家里尽管贫困，还是想办法让他进了学堂。虽然上学的时间很短，但对学习的内容是一学就会，聪明过人。不过真正拨动人们心弦的还是他越是长大，就越显出与众不同。据说朱元璋幼年时和小伙伴玩耍，最爱玩的游戏就是装皇帝。他坐在土堆上，小伙伴们围在他周围，一面高呼万岁，一面行三跪九叩头，俨然像个小皇帝。

跟他在一起玩耍的还有比朱元璋大三岁的汤和。他们装扮成在朝廷中朝拜的样子，朱元璋用水车的幅板做成平天冠，再用散板做成笏板；可是既没有金銮殿，又没有宝座，怎么坐呢？还是朱元璋有办法，他把割草的篮子摞起来，然后坐上去，大家就朝拜他。有意思的是，另外几个孩子坐上去就摔下来，只有朱元璋坐上去稳稳当当的。当然，这都是传说了。

　　不仅如此，朱元璋在众多伙伴中很受爱戴和推崇。有一个小故事，说有一天，他和同伴正在山上放牛，顷刻间下起暴雨，躲进山洞。大家觉得饥饿难忍时，见朱元璋牵来一头小牛犊，说这不是现成的肉吗？于是大家齐动手，用绳子捆住牛犊的四条腿，砍头、剥皮，然后拣树枝，架火烧烤起牛肉来。待大家饱餐一顿后，天已放晴该回家了，这时有的孩子却害怕了：少了一头牛可怎么交待呢？正在犯难时，还是朱元璋想出办法，告诉大家，就说山上狂风暴雨时，山裂了一条大缝，小牛掉进去没拉出来。众伙伴同意地点点头。于是在他的指挥下，把牛尾插在山缝里，埋好牛骨牛皮，擦净血迹，收拾好现场，方才往回返，一切做得很利落。事后，他的威望更高了，并且后人也编造出一些君权神授的故事，来给大明天子戴上神圣的光环。比如说，有一天黎明时，朱元璋的父亲坐在屋檐下，忽然来了一位穿红衣的道士，蹒跚而入，向着他父亲作揖说："好个公公，八十三当大贵"。说罢，转身而去。朱元璋即位后，计算追尊其父之号，年数正与此道士所言相符。他母亲时常对他父亲说，别人都说我家生个不一般的儿子，几个大儿子都不认真勤于生产，那也就是重八了。这样，联想到朱元璋诞生前后的那些神秘的奇遇和故事，自然使朱家相信黑暗终将过去，光明一定会到来！

2．为僧乞食

《孟子》中说：历史上的舜是从山野中发迹的，商相傅说是泥水匠出身，胶鬲是从鱼盐贩中被荐举的；春秋时期齐相管仲是来自基层的士卒；楚相孙叔敖在海子湖边被怀王举用的；后来任秦国大夫的百里奚是从市井中被发现而起用的人才。在举出舜等几位先人的发迹之后，得出这样一个结论：就是说，一个人担负重任并要完成伟大的事业，必先使这个人经过一番艰苦的历程，使他身心都受到磨练，增长才干，变不能为可能。朱元璋经过了这样一个历程，而且其艰苦程度非同一般。他的那个贫苦的农家，本来已经备尝艰辛，岂料又受到天灾的袭击,骤如雪上加霜。此时元朝正值末代皇帝妥欢帖木儿（也就是元顺帝）统治时期，整个大元帝国陷入严重危机。政治腐败，天灾频繁，统治阶级岌岌可危，人民也不能安静地生活下去了。从至正三年（1343）秋开始，湖北大旱，河北、河南等许多地方大水，淹没了大片庄稼，漂没了无数民居，甚至出现了人食人的惨景。朱元璋的家乡连遭灾荒，疾疫流行，大难临头。先是其父母、长兄三位亲人在一个月内相继亡故，可怜朱元璋和他的二哥穷得没有能力购置棺椁和埋葬之地。幸好有一同乡地主刘继祖，可怜两个小兄弟孤苦，愿意拿出其在太平乡的一块地方，给朱元璋的父母及兄长做坟地。草草埋葬了自己的亲人，既无棺椁，又没有像样的衣裳，只是浮掩三尺黄土，更无任何素果供品。即使这样，也让朱元璋感激不尽了，他当了皇帝之后，特意追赠刘继祖为义惠侯，其妻为义惠侯夫人。

忙过丧事，一家人为了生计各奔东西，大嫂带着儿子回了娘家，三哥入赘刘家，朱元璋与二哥商议后，不得已只好分开各找生路了。邻人记起，元璋幼年父母在世时，曾把他许为僧，于是在乡亲们的帮助下，迈入皇觉寺的佛门，做了和尚，这一年，朱元璋17岁。皇觉寺又名于觉寺，在安徽凤阳县西南，是当地颇具规模的著名古刹。住持者是高彬法师。朱元璋入寺即为其徒，成为一名行童，也就是寺庙中的杂役。佛门很遵守论资排辈之道，先入山门的当然是老大，朱元璋进寺晚，资历浅，当然要受老和尚的气，干的是最累最脏的活儿。有一天，朱元璋去打扫寺中的伽蓝堂，不小心被神像绊了个跟斗，爬起来后，用扫帚猛打伽蓝神像一顿，出出心头恶气，可见这个小行童的不驯服。朱元璋九月入寺，不足两个月，还没来得及学习佛教经典，既不会吃斋念经，也不会做佛事，就遇到了岁荒僧散，生路再次断绝。寺中主持高彬法师以没有饭吃为由，就分遣众徒各回各家，或打发去"云游"，也就是"化缘"，俗称乞求布施。朱元璋无家可归，自然选择了游方僧的道路。这是他涉足社会的起始，也是人生大转折的起点，影响着他的一生。对此，朱元璋永生难忘，由于后来涉及他当过和尚的事总是引起诸多风波，他自己不时提到，反对他的人也经常以"光"、"僧"等贬斥他。可见此经历影响之久远。

从至正五年（1345）开始，朱元璋先向南游食到庐州（安徽合肥），然后向西走去固始（河南固始）、信阳（河南信阳），再转向北到汝州（河南临汝）、陈州（河南淮阳），往东到鹿邑、亳州（安徽凤阳）、颍州（安徽阜阳）。游方僧的生活，对于一个贫困的农家少年，品尝了人间的冷暖，经历了痛苦的历练。据朱元璋后来回忆说，当年他就像云水一样漂泊不定，身无一技之长，难有作为；每一天的早晨望着炊烟而急进，晚间投宿古寺以栖身；荒野露宿，仰望苍天，抬头是悬崖峭壁，耳听月夜猿啼倍觉凄凉；

想念父母，不免哀至肝肠断，西风呼啸如鹤唳，心里充满了恐惧和悲怆。三年的时间，如浮云般掠过，年龄已超过 20 岁，社会的动荡不安，自己更加思念家乡和亲人，终于三年过后，又回到了皇觉寺。期间至正六年曾一度返回故里，简单修葺了父母的坟墓尽了孝道。

朱元璋三年游方僧的生活，多在淮西地区，这里是白莲教活跃的地方，耳濡目染，使他深刻地了解社会及民间的疾苦；同时，他还接触一些教徒，接受了白莲教反元宣传，使其开阔了眼界。皇觉寺还是皇觉寺，但寺庙并非绝对与世隔绝，在大动乱的年代，很容易成为社会矛盾的集散地；人民的不满情绪时时传到寺里，成为各种政治人物的避风港，传播反元思想的场所。本想继续以从僧为业，但立志勤学的朱元璋，现在不能再像老样子活下去了，也不得不密切注视社会的动向。在回寺的三、四年的时间里，虽然每日出入禅房，但大动荡的年代，他也关注社会的动向，也不像往日的那样平静，开始考虑自己的前程和去向了。

二、投身红巾军

1. 义军蜂起

当朱元璋栖身皇觉寺，出入僧房，立志勤学的时候，大元帝国已开始土崩瓦解了。

元朝是以蒙古族为首建立的中国历史上一个统一的帝国。那时，蒙、汉统治阶级都疯狂掠夺土地，灭金以后起初竟占千顷后乃至万余顷土地作为牧场。亡宋之后没收了官地和部分贵族的土地，凡诸王、后妃、公主、将帅以及投降的汉人文武官员，或僧侣寺院皆有封地。皇帝则以官田等形式占有大量土地，成为全国最大的地主。诸王等以封赏名义也占有很多土地。没收宋朝后妃的田地归太后所有，另一大批没收的田地归皇后所有，二者都设专门机构管理。更有甚者，顺帝时公主奴伦引者思、大臣伯颜各获赐田五千顷。寺观中如大承天护圣寺，前后两次获赐田32万5千顷。广大劳动人民无地或少地，沦为佃户或奴隶，其数目大为增加，远超过过去的历史时期，并且，受着双重残酷的剥削和压迫。

民族的不平等是明显的和极具刺激性的。元朝把人分为蒙古、色目（西域）人、汉人（契丹、女真在内）、南人（南方的汉人）

四等。政治上、法律上，蒙古、色目人等都高于汉人、南人，后者待遇最低。从中央到地方，重要的官职都由蒙古人担任，难怪有人说"元制百官，皆蒙古人为之长"，所以有元一代没有汉人、南人为正官的。法律上规定，蒙古人打汉人，不得还报；汉人杀蒙古人处死，蒙古人杀死汉人，只罚出征或征银。科举考试，蒙古、色目为一榜，汉人、南人为一榜，题目难易不同，授官高低有别，均倾向于蒙古第一，色目第二，汉人、南人等而下之。还禁止汉人、南人学习蒙古、色目文字，等等。这些矛盾已经造成相当严重的社会危机，加上元朝统治阶级日益反动腐朽，更使危机一触即发了。

元朝政府的崩溃还在于元世祖（忽必烈大汗）废除了蒙古大汗国的大会选举大汗的制度，而采用了汉人封建制度的立嫡长子为帝位继承者，此后蒙古贵族上层矛盾深化，政变、内乱接连不断，政治局面不稳，削弱了政府的统治力量。

矛盾虽然由来已久，但是尖锐激烈到无法遏制则在元顺帝的时候。这位小皇帝即位时只有 13 岁，大权落到太师燕帖木儿之手。此人即挟震主之威，肆无忌惮。一次宴饮有时竟宰马 13 匹；不仅把前皇泰定帝的皇后娶为夫人，甚至前后娶了宗室之女 40人，荒淫无度，坏了身体，终溺血而死。丞相伯颜居功擅权，贪污舞弊，把族人都安排了大官；他特别仇视汉人，企图怂恿元顺帝不许太子学习汉人书，停止科举；又和顺帝发生矛盾，阴谋废除顺帝，二人矛盾日甚，说明元朝统治上层的脆弱与不合。这给了受压迫的汉人、南人组织起来武力反抗的一个契机。

元顺帝本人成年以后，也不把治理国家放在心上，整天沉醉在花天酒地或其他玩好之中。刚即位时，翰林学士库库为顺帝的老师，极力劝说顺帝务学，凡《四书》《五经》所载治道，都为其认真解释。还借郭忠恕的《比干图》，说明商王不听忠臣之谏，以致亡国的道理；又借助宋徽宗虽擅画，唯独不能为君的话题，告诉他，宋亡国都是因为皇帝没担负起国君的责任所致，人君就应知道怎样当好一国之君。告诉他人君应注意谁为国君最好。可惜，老师的话没有改变这位皇帝的没落追求。而沉醉于房中运气术之中。

元顺帝即位后，年年闹灾荒，或一年有几种灾。天灾的流行是最令统治者身心疲惫的事，可以说是束手无策，对各种矛盾的激化无疑起了火上浇油的作用。至元三年（1337），彰德（河南安阳）这个地方忽然天降绿线毛，于是民谣说："天雨线，民起怨，中原地，事必变。"这是把天灾和人民改天换地的愿望联系起来的反映。但是，当时影响最大的是水灾。从至正五年（1345）开始，黄河屡屡决口，不但使人民流离失所，而且使元朝统治者的漕粮和经营的盐场大受其害。至正十一年，因黄河在白茅堤（今山东曹县）决口，元朝派贾鲁为工部尚书兼总治河防使，并且征调汴梁（开封）、大名（今河北大名南）等十三路共15万民夫、庐州（今安徽合肥）等地2万多戍军前去治河。又专门派枢密院同知黑厮带着军队进行监督。修河的任务是，自黄陵冈（今河南兰考县东）南达白茅口，放于黄固、哈只等口，又自黄陵冈西至阳青村，合于故道，共280里。河工们原来都是贫苦的饥民，服役劳作时又受到军队的监视，而且工食费还被克扣，所以就越发不满，反抗情绪日益高涨。

于是，治河成了大起义的导火线。白莲教首领韩山童、刘福通等利用河工的不满，发动了起义。白莲教亦称白莲弥勒教或明教，在民间广为流传，宣扬世间有明、暗二宗，斗争的结果是明宗战胜暗宗。说"弥勒佛当有天下"，"天下大乱，弥勒佛下生"，"明王出世"，意思是黑暗即将过去，光明一定到来。他们还借元朝灭了宋朝而建立的背景，说韩山童实际是宋徽宗八世孙，应当成为中国的皇主等说法制造反元舆论。更为了使河工们能相信和同时起义，就凿了一个独眼的石人，背上刻："莫道石人一只眼，此物一出天下反。"将其预埋在黄陵冈的河道上。河工们挖出这个石人，立即骚动起来。

韩山童在白鹿庄聚集了三千人，被首推为明王，刘福通辅佐，并确定起义日期，四处派人通知，同时起义，以头裹红巾为记号，歃血立誓为盟。不料当大起义即将爆发时，韩山童遭到杀身之祸，其妻杨氏带着小儿子韩林儿逃到了河北武安山中。刘福通成了实际领导大起义的首领，是他率领起义的群众组成了富有战斗力的军队，颇有威信，深得人心。起义军占领了颍州，罗山、上蔡等多处地方，进而又占领了朱皋，这是有名的米仓。于是开仓放米，深得老百姓的欢迎。黄陵冈的河工们得到了信号，愤怒地杀了监工的河官，头缠红巾与主力军会合。接着，又攻下息州、汝宁、光州、信阳等地。很快，起义队伍迅速发展扩大，达到了几十万人。他们因为头包红巾，高举着鲜红的大旗，所以称红军，也称红巾军或香军。这一义举既有深刻的社会基础，又有广泛的影响，引起了元朝统治阶层的震惊。元朝廷立刻派遣精锐部队和汉人的军队进行镇压，非但未果，起义从星星之火，渐成燎原之势。

当年，也就是至正十一年（1351）的八月，萧县的芝麻李（李二）、赵均用、老彭（彭大）起义，攻入徐州城。同时，袁州的彭和尚（莹玉）与蕲州的徐寿辉、黄州的邹普胜在蕲黄（湖北蕲春、黄冈县境）地区起义，并很快占领蕲水县及黄州路，徐寿辉称帝，建国号天完，建元治平。沔阳陈友谅来投之。当时江汉地区著名的红巾军还有"北琐红军"，由布王三领导，占据唐、邓、南阳、嵩、汝、河南府；"南琐红军"由孟海马率领，占据了均、房、襄阳、荆门、归、峡等州。此外，不属于红巾军系统的有此前起义的方国珍和稍后起义的张士诚。

大起义的帷幕拉开，从汝、颍开始，迅速扩大。不到十天，中原大地，到处燃起人民的怒火，满山遍野是红色的海洋，元朝的统治从根本上动摇了。红巾大起义把元末的人民反抗推向了高潮，得到了广泛响应。有一首歌谣说：

　　"堂堂大元，奸佞专权，开河变钞祸根源，惹红巾万千。官法滥，刑法重，黎民怨。人吃人，钞买钞，何曾见？贼作官，官作贼，混贤愚，哀哉可怜。"

元末农民大起义在中国历史上一向以规模大、发动和组织的较好而闻名，尤其以红巾为号更有其特色。大起义一发不可收拾，它敲响了元朝灭亡的丧钟，也为朱元璋建立新王朝拓展了道路，开创了契机。

2. 投奔郭子兴

身居残破的皇觉寺中的朱元璋，听到"汝、颍兵起，骚动濠州"的消息，如同暴风雨已来到身边。因为颍、汝等州，曾是他作游方僧经历过的地方，再熟悉不过了；现在又面临起义的大好形势，何去何从？朱元璋对这个对他一生有决定意义的选择，采取了相当慎重的态度。在当时混乱的局势下，投奔红军者，多是乌合之众，统军人物参差不齐；没有统一指挥，政令不一，这个时候，形势瞬息万变，难以适从。考虑到种种因素便使他止足不前。一天，有人从濠州带来一封信，是汤和写给他的，劝他投靠起义军。这时的朱元璋是既忧且惧，怕的是被发现，声张出去，急忙把信烧掉，还是下不了决心。好心人建议让他去求神佛，以定吉凶。于是，朱元璋来到了被烧毁的皇觉寺，在伽蓝神殿上磕了头，拜了神，连掷卦三次，最后一卦竟然立了起来，他认为这是神的安排。于是朱元璋下定决心去投奔起义军。

身为僧人的朱元璋，信神信鬼实难避免，可他参加起义军此等大事，不能说完全根据求卦的结果，因为他在犹豫等待的期间，不止一次接到过从起义军中伙伴、熟人捎来的信，动员他参加起义军；也有的让他慎重对待祸福，决定去就。尤其是元军占领濠州城，施尽屠掠杀戮人民之能事，这些情况，使他无法摆脱现实的残酷斗争。应该说，这些才是朱元璋参加起义军的主要因素。

至正十二年（1352）闰三月初一，25岁的朱元璋进入濠州城，投奔郭子兴麾下，成了红巾军的一员。

濠州的郭子兴，是安徽定远县人，祖籍山东曹州。其父为生计到定远算命相面，并娶了当地一财主的盲女，得了一份财产，就在当地落了户生有三个儿子。郭子兴是三兄弟中的老二，家中薄有资财不算富豪，门户低微，没有官府做后台，经常受地方官吏的敲诈，所以，心里有很大的不满情绪。平时郭子兴好结交一些江湖好汉，为人还算行侠仗义。至正十一年（1351）天下大乱时，他心怀壮志，勇于率先，同伙伴们倡议兴兵，带领几千人，趁黑夜攻入濠州，闯入官府衙门，杀了州官，占领了州府。元军见势不敢招惹这支起义军，也不敢攻城。反而派兵到处骚扰，捉住壮丁就给头上包上红布，向上报功请赏。于是被激怒了的村民百姓几万人，纷纷投向郭子兴的部队，濠州反元的声势壮大起来，郭子兴鉴于元军不敢反攻，就在城里当起了自己的大元帅。

郭子兴本人没有什么超人的才能，但他见到朱元璋时，却表现出了他与众不同的独具慧眼，立刻从其非凡的状貌上，看出了这位饱经忧患的 25 岁年轻人绝非等闲之辈。朱元璋很快得到了郭子兴的赏识。通过和朱元璋的一番对话，子兴看到了元璋宽广的胸怀以及对时事评论的准确，更加认为这是一位难得的人才，当即决定留在身边作为亲兵，并给他起了朱元璋这个名字。这件事对朱元璋的前途具有决定性的意义，他后来在回忆郭子兴时说这一安排对他本人有"再生之恩，终世难忘"的意义。的确，朱元璋很快显露出他的才能：他计谋多，决断稳；出外巡逻、办差等，都使人信服，得到了众人的赞扬。不久他又被提拔为亲兵长，手下管 9 人，调到帅府当差。

朱元璋在军中很快显露头角，郭子兴视他为心腹，并把自己的义女马氏嫁给了他，这样朱元璋与郭子兴又增加了一层亲密关系，元璋也有了靠山，同时又有了一个新称呼"朱公子"。朱元璋得到重用，有事找他商量，打仗派遣他去，也立了一些战功。但朱元璋很快就发现了一些问题，一是郭子兴"志雄气暴"，本人又无所作为，又没能力驾驭部下；二是起义军领导层像孙德崖、俞某、曾某、潘某，再加上郭子兴等 5 人分成两派，都想出人头地，不肯屈下，彼此猜忌。几个人志向不同，争论不休，而对外却没有多大进展。至正十二年（1352）九月，攻打徐州失败的义军，以彭大、赵均用为首率余部来濠州投靠，增强了濠州的军事实力。

使原有的紧张关系更加复杂化，彭大有胆有识，很为郭子兴看重，视为知己；而赵均用胆小无主见，却被孙德崖拉拢结为一伙，这样一来，必定生出新的矛盾，最终，竟闹到孙氏一伙绑架郭子兴的地步。朱元璋不畏艰险，联合彭大，冒死救出郭子兴，免除一场灾难。朱元璋在救子兴的过程中，显示出有智有谋的气魄，遂被军中上下视为大忠大义的英雄。

3. 屡立战功

至正十二年冬天，元军官兵重围攻濠州，在朱元璋的努力下，义军暂停内讧，摒弃前嫌，共同对敌。坚持了5个月，元军将领被击毙，濠州解围。在濠州仍处在兵源奇缺、粮草匮乏极端困难的情况下，朱元璋为这一义军队伍做了两件事，一件是濠州城缺乏粮草，遂以盐换粮数十石以解濠州缺粮的燃眉之急。另一件是在第二年的十月，朱元璋回到家乡，招收民兵700人。带回来交给了郭子兴，增强了所部的战斗力。朱元璋也被提升为镇抚。亲自统领这700人，从此朱元璋也培养了一批可靠的智勇善战的准西战将，支撑着朱元璋打天下的事业。后来他又因功官升至总管。尽管如此，义军矛盾愈演愈烈，统帅之间勾心斗角，极欲称霸，郭子兴依然无力控制。朱元璋目睹这一切，深感这支义军很难成就大业。于是在至正十三年（1353）冬，朱元璋决意另辟蹊径，脱离濠州到外面自主闯天下。

朱元璋把从家乡招募的700人交与别的将军统领，自己则选择了徐达、汤和、花云等24人离开濠州向南到定远一带发展。他先招募了一批人马，约有800人扩充了军队。接着到了定远的张家堡驴牌寨，这里有一支3000人的民兵队伍，耳闻他们的处境非常艰难，孤军无援又缺粮草，而且得知其主帅曾是郭子兴的旧友，于是朱元璋巧施计策，很顺利地逼他们就范，这支队伍被收入帐下。

随后，朱元璋又取得了更大的收获，就是夜袭定远以东的横涧山，俘掠了助元的2万"义兵"，从此，朱氏所率大军声威大震。定远附近的地方以及一些结寨自保的地方武装听说朱元璋有大志，军纪严明，纷纷前来归附。其中有冯国用、冯国胜两兄弟，他们广览群书，通兵法，足智多谋，神勇善战。并向朱元璋提出一些建议，对夺取天下颇有贡献和建树。

至正十四年（1354）七月，朱元璋领兵向滁阳（今安徽合肥）进发，由花云为前锋，奋勇抵挡几千士兵的攻击。大军一路向前，遂克滁阳，并在此驻扎。这是朱元璋起义后占领的第一个根据地。在朱元璋进发滁阳的途中，有定远的李善长来援。当时李善长已有40岁。朱元璋喜出望外，深知善长是"里中长者"，立刻以礼相待，留在幕下，掌管书记、馈饷之事，倍受青睐。以滁阳为基地，朱元璋在东征西讨的同时，又接纳了众多的来自四面八方的起义者，同时更招来了许多当地的知名人士，如范常、邓愈和胡大海。年仅16岁的邓愈勇敢善战，被授为领军总管；胡大海不仅懂得行兵要略，而且智力过人，今携全家来投，朱元璋任命他为前锋。这些人的到来，既给朱元璋的军队增加了勇猛善战的将士，又填补了通兵法、识策略、精通古今政事的文化人士。在军事战略、政治发展上都对朱元璋今后的事业产生了重大影响。

朱元璋在滁阳收降了附近的许多山寨，已有3万余士兵，且训练有素，势力进一步壮大。但是，他仍是郭子兴的麾下，受制于旧部。由于郭子兴的集团内讧严重，不得已子兴率所部万余人来到滁阳投奔朱元璋。不久，郭子兴见到朱元璋的势力强于他，兵数多，军纪严，而且是人才辈出等等，这些在郭子兴的眼里，朱元璋的威名日增，已超过自己，因此对元璋妒火中烧。

有几件事就已经表现出了矛盾外露。第一件，是郭子兴看好滁阳，欲将其做都城，自己想占山为王，明里不言。朱元璋从起义军的未来发展以及全国大局着想，指出此地周围环山，舟楫不通，商贾难以聚集；又无险可守，不是长久立足之地，借此道理开导郭子兴。表面上看郭子兴理亏不语，可背后却指使其子郭天叙、郭天爵在酒中下毒陷害朱元璋。岂料天机败露，阴谋未得逞。朱元璋大怒，郭氏二子不胜惊骇，从此不敢再生谋杀的念头。后来，有人在郭子兴面前进谗言，拨弄是非，子兴信以为真，居然囚禁了朱元璋，并断了伙食。不得已，朱元璋的妻子马氏偷偷送饭给朱元璋，于是就有了一个传世经典的夫妻恩爱的佳话：说马氏为了给元璋送饭，把蒸饼偷偷放在自己的怀里，结果把胸脯都烫伤了。故事家喻户晓，每每说来都让人感动。后来经郭子兴的小张夫人劝说，才放了朱元璋。郭子兴又命朱元璋领军出城抗击元军，胜利凯旋后，郭子兴才消除了对朱元璋的疑虑。事后，马氏又拿出私房钱送给小张夫人，郭子兴方觉心中惭愧，不该听信那些不实之词。第二件，是郭子兴恢复对朱元璋的信任后，这一年的下半年，元军以百万大军在高邮大败张士诚后，又分兵围六合（江苏六合），守将孙德崖、赵均用的势力危在旦夕，求救于郭子兴。而子兴却因前嫌拒不发兵相救。这时朱元璋站出来说话了，他高瞻远瞩，劝说大家，认为六合与滁州唇齿相依，不救则自毙；六合失守，滁州立刻不保。所以，不能因小失大。郭子兴听了心服口服，同意发兵。又是派朱元璋率兵救援。经数日激战，元兵不退。朱元璋用计策，阻止住元兵，保住了滁阳，六合解围。在这次援救六合的战役中，从开始到胜利都充分显示了朱元璋的远见卓识，临危不惧，顾全大局的气概，从而赢得了这支红巾军队伍官兵的敬佩和信服；同时也回击了郭子兴的偏见和浅识，使郭子兴充分认识了朱元璋的为人和军事才能。

当时就整个起义军的形势看，至正十二年（1352）红巾军开始处于低潮，如彭莹玉被俘牺牲，徽州的项普略被捕就义；南方红巾军节节失利，徐寿辉也兵败退入山中。南锁红军，北锁红军，相继被打垮。北方的刘福通所部的红军也处于守势。自朱元璋率兵攻下滁州后，红巾军的形势逐渐向着有利的方面发展。至正十四年十月，元将脱脱率百万大军猛攻陈士诚镇守的高邮，危险岌岌，就在这时，奇迹发生了——元廷内讧，解除了脱脱的兵权，元军失去了主帅乱成一团。张士诚抓住时机纵兵出击，大获全胜。高邮一战，可以说是元朝自己打败了自己。从此，元军一蹶不振，农民起义军又有了新的起色。

朱元璋占领滁州，面临的最大问题就是粮食的匮乏。几万大军屯聚于一地，食不果腹，军心自然要涣散。朱元璋想出了一个权宜之计，就是南取和阳（今安徽和县），移军就食，解决粮食的难题。他与诸将研讨对策说道，和阳城虽小但坚固，难以攻取，只能计取。具体怎么办呢？先把过去收复来的庐州路义兵三千多人穿上青衣，装扮成当地庐州青义兵，用四头骆驼满载货物，佯称庐州兵护送使者，到此地犒赏将士，后面跟着有红巾军。待门叫开后，举火为应。红巾军可乘其不备攻入城中，一鼓作气，定能取胜。郭子兴也认为这是好主意，并命其妻弟张天祐领青衣兵，参与进攻和阳。果然一举成功，和阳遂被占领。朱元璋被命为总兵官（总军事）。至正十五年的三月始，元朝又以十万大军连续对和阳发动进攻，朱元璋及李善长不时出奇制胜以少胜多，挫败元军。

形势好转起来后，郭子兴队伍中原有的劣根性则逐渐暴露出来。队伍的人员构成本来就成分复杂，像原地方上的民兵、义兵、地主自卫武装，加上流民、流氓等等，这些乌合之众组织纪律性非常差，攻下一城，烧杀抢掠无恶不作。比如掳人之妻女，闹得百姓妻离子散家破人亡，尤其是攻占和阳后更甚之。看到这种状况，朱元璋周围的谋士们及时提醒，说这样得一城而使百姓肝脑涂地，怎么能成大事呢！于是朱元璋下令：今后取城池，凡所得妇人女子，只有无丈夫、未出嫁的可以留下，有丈夫的妇女不许占有；同时还下令，让男人认领自己的妻子，父子相认，合家团圆。这一举措深受百姓拥护，奔走相告。

起义军上层内部之间的矛盾也再次暴露出来，在和阳演出了一场起义军的火拼闹剧，粮食问题是其导火线。濠州的义军旧帅孙德崖因缺粮，率兵来和阳就食，并声称只住几个月。朱元璋怀疑这里有诈，但此时孙德崖的兵力强于元璋，如一旦发生战争，恐怕招架不了，元璋无奈只好同意孙的部队入城。而郭子兴早与孙德崖有矛盾，听说此事后非常气愤，自滁州来和阳特别是他们入城后强取子女、军物，郭子兴更加恼怒，还想归罪于朱元璋。左右奸人趁机挑拨，企图置朱元璋于死地，朱元璋百般化解，却难消除孙、郭之间的矛盾。

孙德崖借郭子兴到和阳机会，施计谋挟持朱元璋。孙德崖之弟给朱元璋套上了铁锁欲加害。幸遇一位姓张的友人，救了朱元璋保全了性命。朱元璋被挟去三天，正走在路上，郭子兴派徐达等数人换回朱元璋，郭子兴亦释放了孙德崖，不久徐达也回来了。郭子兴自从听到朱元璋被擒去，惊疑致疾，一病不起，三月卒于和阳，归葬滁州。明朝建立后，洪武三年（1370）追封为滁阳王，建庙奉祀。

也是为了化解与朱元璋的矛盾，郭子兴的小张夫人把自己的女儿嫁给朱元璋做了第二夫人（就是后来的郭惠妃），很显然此目的是为了得到朱元璋的保护，也算聪明之举！不久，手下郭兴、郭英两将军遵其父郭山甫的嘱托，又把妹妹送给朱元璋做了第三房夫人，这就是后来得宠的郭宁妃。

至正十五年二月，红军统帅刘福通在砀山（江苏砀山）夹河寻得韩林儿，接到亳州（安徽亳县）。刘福通拥立韩林儿为皇帝，称小明王，建国号为宋，建元龙凤，建立了龙凤政权。下旨遣人召滁州、和阳的诸位将领。只有张天祐前往。这时天祐带着来自龙凤政权丞相杜遵道签署的任命文书，任命郭子兴之子郭天叙为都元帅，张天祐为右副元帅，朱元璋为左副元帅。后来，刘福通杀了杜遵道，自立为丞相。显然，朱元璋的职位最低，但有实力的朱元璋不以为然，他握有实际的军事指挥权。朱元璋接受了任命，用龙凤年号以令军中。当时龙凤政权还有一定的实力；刘福通这支队伍又是长江以北最早起义的最高教主，有资格统帅各路红巾军。在他拥立下的"宋皇帝"，顺理成章下旨，大家都要遵守。同时，北方军还能同元军作战，这无疑为朱元璋构筑了一道天然屏障，对其保存实力不能不说是大有裨益的。

三、建立根据地

1. 攻占集庆

　　郭子兴死后，红巾军的内部矛盾暂时得以平息。朱元璋抓住时机统帅起义队伍，在南中国展开了新的战斗。刘福通所拥立的龙凤政权既有很大实力，又在北方同元朝作战，为朱元璋减去了腹背受敌的压力。正是有了这样的有利条件，朱元璋才能在南方施展抱负，敢于渡江攻打集庆（江苏南京）。

　　至正十五年（1355）四月，常遇春来投朱元璋。遇春，字伯仁，濠州怀远人，长相奇伟，力气超人，两支臂膀长得像猿，有一手好箭法，很受朱元璋赏识。不久，常遇春坚持自己请命为前锋，但朱元璋对他说，等随我一起渡江时，一定委你重任。可见，在朱元璋的心里早已有了渡江的准备，并且成为以后军事行动的主宰目标。

　　渡江——长江天堑，由北往南，欲达彼岸，谈何容易！由于和阳春季歉收，这样造成当地的各支队伍没有粮食，饥饿一天比一天严重。要想生存和发展，只有过长江之南；而隔江相望的太平（安徽当涂）、芜湖等地，就是鱼米之乡，粮仓之区。再往东北方向过去，就是集庆。可见，渡江是一举两得之良策，因此，当务之急就是渡江！正在愁无舟楫的时候，佳音传到，巢湖的廖永安、俞海通及赵普胜携众万余人及水军千艘船只前来归附。朱元璋见状高呼：此天赞我也！并且要亲自率兵至巢湖。于是，舟楫齐备，军威大振。至正十五年六月初一日，朱元璋率诸军渡江，直克牛渚矶，再攻采石。前锋常遇春，飞舸抵至。朱元璋自己趋军直抵采石配合。诸军相从，遂拔采石。接着，沿江各垒望风迎降。渡江之举，旗开得胜。朱元璋没有满足暂时的胜利，他命令切断全部船只的舟缆，放入急流，船在水中漾漾东下。朱元璋向他们指出，前面是太平路无所不有，我们一定夺取它。这是让诸将士放远眼光，争取更大的胜利。于是动员各路军队攻向太平。兵临城下，元将纷纷弃城逃走。为避免进城后诸军恣意掳掠，事先写好禁约榜文，若有违犯，立即处斩。

占领太平路，是朱元璋起义以来，或者说是他任统帅以来，占领的元朝最高行政区，也是他事业的一个转折点，朱元璋的声望也随之扩大。许多文人耆儒，如陶安、李习等率父老出迎。朱元璋对他们的到来非常欢迎，而且首次向他们披露要占领南京的想法。陶安为其分析了形势说，"金陵自古以来就是帝王之都，龙盘虎踞，长江天险，形胜之地，进可攻，退可守。若以此出兵以临四方，则何往而不胜！"这是朱元璋又一次听到必占南京的话语，非常高兴，对陶安优礼有加，凡有机密大事，都会让其参与议论。这一年，把太平路改为太平府，设置太平兴国翼元帅府，朱元璋自领元帅之职，李善长为帅府都事，汪广洋为帅府令史，陶安为参幕府事，而且80多岁的李习为太平知府，还有其他知名儒士参与其中。历史上还没有一个王朝有这么多的文人儒士，像元末这般主动投向农民起义队伍中来的；唯有朱元璋高瞻远瞩，把这些反元势力吸纳到自己这边来，尽量发挥他们的才智，为我所用。

朱元璋接受了历史上的经验，制定了攻取集庆（南京）的作战计划。至正十六年（1356），朱元璋领兵攻采石，这是第二次采石之战。令常遇春以奇兵分其势，自己率领正兵与之交战。合战之后，再出奇兵毁之，就如同三国时的赤壁之战，纵火烧元军的连舰，元军惨败。从此，打破了蛮子海牙布置的扼江挟制的形势，为进攻集庆扫除了最大的障碍。

集庆，也称金陵，是元朝在南方统治的重镇；军事守御比较坚固。三月初一，朱元璋率领诸将从太平出发，水陆两路攻向集庆。第一步是到江宁镇，攻破敌军陈兆先兵营，尽收其降众共3 600人，生擒兆先，然后将其释放，以为之用。又从降兵中选出骁勇者500人，为麾下亲兵；第二步即初十日，命冯国用率领这500人为先锋进攻集庆路，他们奋勇陷阵，在蒋山（钟山）打败元兵，直抵城下，朱元璋继续进攻的第三步是围城。元军出战，屡战屡败。于是不再出战，而是关闭城门，独开一东门以通出入。实际上元朝的兵力已无支持能力了，城很快被攻破。进城之兵与元军在城内展开巷战。元军首领福寿督兵又败，兵溃，城破之日，蛮子海牙投奔张士诚，水寨元帅康茂才率众投降。总计得军民50余万人。

占领集庆是朱元璋在军事上和政治上的巨大胜利。进城之后，召集官吏、平民，朱元璋发表了激动人心的告谕：元朝政治腐败，所在纷扰，天下到处起兵反抗，百姓吃尽苦头。你们大家身处危城之中，整日提心吊胆，生命没有保障。我带兵到这里来，是为你们除乱的，今后大家要各自安业，不要疑惧。如有贤人君子愿随我一起建功立业的，我必以礼相待；各级官员不得横暴、祸害百姓；旧政府旧制度对百姓不适合的，我要为你们废除。同时还提出当官的切勿贪暴殃害良民。城中军民皆大欢喜，更是互相应贺。这一告谕的发布，既安定了民心，又在集庆城建立起了正常的秩序。

占领集庆后，改集庆路为应天府，寓意为顺应天意的意思。置天兴、建康翼统军大元帅府，以廖永安为统军元帅。所得儒生夏煜、孙炎、杨宪等10余人，皆被录用。又命赵忠为兴国翼元帅，以守太平。

朱元璋的行动，从这时起就显示出一种为将来远大前途着想的战略眼光。他不是图一时的钱财，也不在于仅仅改善一下原先的贫困生活，而是要建立一个政权，占领地盘，收罗人才，寻求继续扩大势力范围，准备和群雄争衡，以致由自己进行发号施令，进行统治。

2. 由南向北

朱元璋攻占集庆以后，成了红巾军一支重要的力量。名义上他归属于龙凤政权之下，实际上独立行事自己说了算，不受小明王左右。他本可以发兵北上，进攻元朝统治的心脏大都（北京），也可以同北方红巾军联合作战，但他都没有这样做，占领集庆就已显示出他的远大抱负和雄心。他曾对徐达感慨地说：金陵这个地方，实在太险要了，真是胜地。既有长江天险，加上仓廪实，人民足，今天又有诸公帮助，同心协力，我还有什么不能成功的！朱元璋所说的成功，可想而知指的是什么。不久，又得到了小明王的封赐，加官进爵，有了江南等处行中书省平章政事的官衔，还设置了一整套的，包括行政、司法、军事、经济等各方面的机构组织，俨然就是一完整的政权机构。实际上，朱元璋在集庆建立的是一个留在南方，继续扩大势力范围的根据地。进而削平南北农民起义群雄，由他发号施令，最后推翻元蒙统治，建立自己的王朝。此时正是元顺帝至正十六年，小明王龙凤二年（1356），朱元璋29岁。要实现这一目标，谈何容易！

当时在朱元璋的周围有双重的势力圈，除了元朝统治这一主要势力外，还有三大鼎足而峙的势力。

一是刘福通。他是北方红巾军的代表。初期在群雄中兵势最盛。他帮助小明王建立龙凤政权后，兵分三路北伐，直逼元京城大都。他自己则领兵转战大河南北，攻下汴梁（今开封）作为都城，迁小明王于此，这也是红巾军极盛时期，从根本上动摇了元朝的封建统治。

二是陈友谅。这个沔阳渔家之子"读书，略通文义"。红巾军大起义后，他先投靠徐寿辉部，至正十一年（1350），徐寿辉在蕲水（湖北蕲县）称帝，但受制于丞相仉文俊。至正十七年文俊谋杀寿辉不成，反被陈友谅所杀，可以说是友谅救了寿辉的命，立了一功。遂升陈友谅为领兵元帅，统揽整个部队，很快成为长江以南兵马最强的势力。

三是东面的张士诚，他是元末较早起义的一股力量。至正十三年（1353）占领高邮（江苏扬州），翌年正月称诚王，国号大周，建元天祐。曾趁元廷的矛盾、解除元相脱脱兵权之际，乘机击溃元兵，保住了高邮，算是一大功劳。张士诚又利用淮东大饥荒，渡江攻下常熟，占领富庶的平江（江苏苏州）及附近的许多州县，改平江路为隆平府，并迁都于此。

此外，比较有实力的势力尚有较远的方国珍与明玉珍。方国珍主要活动在浙东庆元（今宁波）及温、台等沿海一带。明玉珍势力更小，曾一度攻占成都后自立为陇蜀王。

离朱元璋较远的外围势力，就属元朝当政的最高统治者了。现在虽然反抗的烈火到处燃烧，但在他们未伤元气之前，仍力图维持其既有统治。元顺帝及王公大臣们除了调兵遣将对付各地的农民起义之外，照样过着奢侈腐化的生活。

面对周围这种形势，朱元璋如何应对呢？其实，目前这样的形势对朱元璋政权的稳固和发展极为有利，即在东、西、北三面屏障的保护下，避开元军的正面攻击和力量牵制，得以施展自己的设想。而朱元璋进一步发展的方略，即在不同势力围绕中由近及远，开始军事为主兼及政权建设的行动。他首先是在东南地区巩固与扩大阵地。

至正十六年，即龙凤二年三月，朱元璋开始进取镇江。这是长江下游的军事重镇，地处要冲，依山临江，为南京出入北方的门户，又称京口。经一天之战，攻克其城。徐达等自仁和门入城，号令严肃，秋毫无犯，原来的目标兑现了。四月，分兵取金坛、丹阳。改镇江路为镇江府。六月，朱元璋命邓愈等攻取广德（安徽广德县），虽然距南京稍远，但也是其南方的屏障，与南京关系密切。攻取之后改为广兴府。

此时朱元璋的势力范围已与张士诚接壤。担心士诚阻碍其向东进取，便主动派遣儒士杨宪持信前往通好。不料，张士诚不满朱元璋在信中把自己比作西汉末年不忠的隗嚣而拒之，并拘留杨宪不放。接着，双方多次交战，士诚败于常州。至正十六年十月，遣其部下孙君寿至南京请和，遭到朱元璋的驳斥。尽管如此，张士诚还是千方百计排斥朱元璋在他周围扩充势力，双方交战不息。

翌年二月，朱元璋派耿炳文军队攻下长兴改为安州。已用时半年，从头年九月到本年三月终于攻克常州，改路为府。

同年，朱元璋开始与元朝士兵交战，攻克宁国路（安徽宣城）、徽州路（安徽歙县）。

然而，朱元璋与之作战更多的仍是张士诚的势力。朱元璋率所部在五月击垮了张士诚在太湖周围的水寨，占领泰兴（属江苏）。六月，取江阴（江苏江阴市）。江阴距苏州仅百余里，既靠近张士诚的根据地，又控扼大江，为东南要冲。朱元璋对将士下达指示说，江阴是我们的东南屏障，你们一定要管理好士兵，将士要做的就是确保城内百姓的安定，等等。将士们坚决按照朱元璋所说的办事，既安定了民心，又增强了保卫力量。

而这时最富有戏剧性的攻伐是常熟之战，也是用计取胜的一战。徐达领兵占据宜兴，命前锋赵德胜攻常熟。张士诚之弟张士德守城。士德又名九六，"狡而善斗"，徐达对此有深切了解，对赵德胜说，要战胜他，很难啊，我们应当以计谋取胜。果然赵德胜设下伏兵。出战不利的张士德后撤再遇伏兵跌下马被擒。士德是其兄的主要支柱和谋士，既已被擒，朱元璋大喜，说："张士诚谋主士德，其人有智勇，被我擒之。张氏之事成败可知矣。"张士德被带到南京，朱元璋供给山珍海味，优礼有加，等待他降服。可张士德不食不语。朱元璋遣使说服张士诚和好，士德母为此悲痛。应允每年贡给粮食 10 万石，布 1 万匹，并以被俘的廖永安换取释放士德，朱元璋不允。张士德以为被俘失身，事无所成，暗中遣人送信于兄士诚，劝其降元，自己不食而死。张士诚又因和朱元璋交战遭到沉重打击，最终还是归附了元朝。元朝仅授予太尉的官职，这名义上为元朝之官，实际上军事、财政等均有自主权，皆可自行其是。至正二十三年张士诚自立为王，称吴王，民间称其为东吴王。

3. 规取两浙

从龙凤四年（1358）起，朱元璋重点向浙西发展。他充分利用群雄并起的态势，把锋芒指向元朝统治薄弱的地区。最先行动的是李文忠从安徽攻向浙江，连连攻取青阳、石埭、太平、旌德诸县。二月，继续进兵击败元将阿鲁灰于万年街，破苗、僚军于昌化。三月，李文忠又会同邓愈、胡大海之兵攻取建德路，继改为严州府。六月，李文忠进克浦江县，下令禁止焚掠。义门郑氏避居山谷此时归乡，护送还家，深得民心。接着又收降元将杨完者的部下3万余人，势力进一步壮大。

朱元璋亲自领兵攻婺州（今浙江金华）是精彩的一战。最初由胡大海取兰溪，克城败敌，乘胜攻婺州，却久克不得。一个月后，朱元璋便率领10万大军前往征讨。由宁国（宣城）经徽州，中途经刺探情报，得知婺州城中守将各自为中心，划界分守，相互对立，互不配合。朱元璋心中有底，并分析研究了婺州城周围的地理形势以及兵力情况，由此对这里了如指掌。遂命胡大海的养子胡德济诱敌兵到城门外，纵兵奋击，大败敌兵，生擒前锋元帅，俘获元将、文武官员等。朱元璋领兵入城，下令禁止军士剽掠，有违犯者，当即斩首示众。因此，婺州城的百姓皆安居无恐。

婺州为浙西重镇，东西南北四通八达，于军事政治皆为要冲。朱元璋很重视这个地方，作为驻兵之地，置中书分省于婺州，改婺州路为宁越府，以王宗显为知府。召儒生许元等十余人，每日讲论治道。其周围的东阳、永康、义乌、武义县等，均派得力亲信兼知县。甚至马上在宁越置税课司及杂造、织染二局。选宁越七县富民子弟充宿卫，称"御中军"。朱元璋为地方治安做了果断处理。及早恢复了工商业，发展染织、制造业。

在朱元璋看来，得宁越，仅次于得集庆，他要以此为一个新的根据地，夺取浙东广大地区。所不同的是，除了武力进攻之外，更注意政治上的招降了。龙凤五年正月十二日，朱元璋对诸将，发表了自己施政的肺腑之言，他说：行仁义者才能得天下，而仅靠武力是不足以服人心的。我们虽以武力攻克城池，但必须以仁义来安抚百姓。我们的队伍攻入建康城（今杭州）时，秋毫无犯，所以很快就降服了。今新克婺城，百姓开始获得自由，政策应当采取安抚和救助，使百姓愿意归附我们。而其他未攻下的郡县必然是闻风而来归附。我听说诸将攻下一城，得一郡，不妄杀人，我喜不自胜。军队所到一地威风凛凛，势如烈火，但火势太猛则人们一定远离，所以说小鸟不入有猛鹰的林子，动物不入有罗网的地方；反之，民众必然归顺于宽厚的仁政。作将领的能有不杀之心，为国家服务，我也能感受到这样的幸福，你们的子孙后代亦必然兴旺昌盛。你们听我的话，则事不难就，大功可成矣。

朱元璋在宁越驻扎约半年，一时间宁越成了朱元璋发号施令的所在地。胡大海受命东向攻诸暨，张士诚守将华元帅先期逃遁。几经交战，攻下诸暨。诸暨有位绍兴人王冕，慷慨有大志，隐居九里山，仿《周礼》著书一卷，以此献"明主"，可致太平。朱元璋攻下婺州后到处访求，得之后，任为幕府谘议参军，王冕也欲行其志，打算施展他的抱负，可惜不久病故了。

至此，浙江地区的军事行动主要是进攻衢州（今衢县）和处州（今丽水）。朱元璋离开宁越后，指出诸将不能轻敌，要求胡大海与常遇春同心协力克敌。在不到半年的时间里，朱元璋的军队不仅攻下了诸暨，又在衢州和处州打了两场精彩动人、很有意义的大战，将衢州、处州七邑收归所有；改诸暨为诸全州，衢州改为龙游府，改处州路为安南府。这样一来，浙西、浙东的大部分重镇，均为朱元璋占领。今后大部分的时间与兵力，则用在了对付陈友谅、张士诚的势力，还有就是元军的残余势力。

四、剪除二雄

1. 消灭陈友谅

（1）决策先图

龙凤六年（1360年，元至正二十年），朱元璋聘请了浙西四名大贤人，这就是青田（今属浙江丽水市）的刘基、龙泉（今属浙江丽水市）的章溢、丽水的叶琛和金华的宋濂。他们不是来自社会最低层，并且都已读书为宦，对农民起义本不看好，但关心社会的未来发展和国家的前途命运。朱元璋对他们四位是以礼相待，他们也乐意为元璋出谋划策，视之为新主人。其中尤以刘基为最突出。刘基，号伯温，足智多谋，思维缜密，料事如神。有人曾在天下大乱之时，劝刘基于浙江割地称雄，他不同意，到了应天，他看朱元璋部下对小明王顶礼膜拜，也不以为然。据说当年杭州全盛的时候，刘基游西湖，忽见西北起异云，他便说"此天子气，十年后应在金陵，我当辅之。"同游者皆大为惊讶，称他是"狂人"。也就是这位"狂人"，惟认朱元璋为"天命所在"，肩负治国重任。

朱元璋起于淮右，渡江后势力发展较快，但仍只局限于浙江一带；且东有张士诚，西有陈友谅，再加上元朝的势力，朱元璋就被压制在江南一隅，三面受敌，一面背海，均为强势，稍有不慎，就有败亡之危，形势危如累卵。于是，就在这一年的三月，刘基等四大贤人被朱元璋请至应天，刘基任谋臣，于是得以展现出一个非常成功的兵法家的才能。朱元璋向他请教如何攻取天下，刘基针对当时形势，提出了自己的分析和建议。时值刘基看了一眼朱元璋，捻着长须，胸有成竹地说："士诚自守虏，不足虑。友谅劫主胁下，名号不正，地据上流，其心无日忘我，宜先图之。陈氏灭，张氏势孤，一举可定。然后北向中原，王业可成也。"这是避免两线作战、各个击破的良策。当时许多人认为张士诚据有苏湖富饶地区，宜先攻取。但刘基认为先解决虎视眈眈的陈友谅集团，回头再消灭胸无大志的张士诚集团，先强后弱，避免两线作战；各个击破，一鼓作气，王师北定中原，一举奠定乾坤！真是一个高屋建瓴的方案！如同一阵清风吹散了蒙在朱元璋眼前的迷雾，妙哉！

朱元璋非常欣赏刘基之言，完全采纳，并从此付诸行动。他以前虽然也同张士诚作过战，但在广大地区主要任务还是扫除元朝的统治势力，而此后主要是同元末兴起的农民军势力作战。现如今目标明确，首先消灭的是陈友谅。

早在龙凤三年，也就是至正十七年（1357），朱元璋首次与陈友谅交战。派水陆两军攻池州（安徽贵池县），这是长江中下游通往安庆和进入江西的要冲。几经争夺才收复了池州。第二年，陈友谅攻占了安庆，实际是要攻池州，朱元璋派兵进攻，遭到友谅守将赵普胜的抵抗，久攻不克。有些将士则产生了畏难情绪。朱元璋见势不妙，于是决定用计攻取，挑拨离间，假陈之手杀掉赵普胜，兼并了他的军队。这是朱元璋一次成功的用借刀杀人的反间计取得了安庆城。

朱元璋继续调遣徐达、常遇春保卫池州与陈友谅交战。事前朱元璋早已布好兵阵，开战后很快打败了陈友谅的精锐，斩首千余，生擒3000余人。常遇春大开杀戒，只留下300人，朱元璋极为不悦。

不久，朱元璋与陈友谅在太平府展开激战。守将花云和元帅朱文逊奋力抵御。陈友谅亲自指挥水军，3天后，城被攻破，花云被擒，缚在舟樯，乱箭射杀，花云至死都骂不绝口，卒时年仅39岁。云妻郜氏带独子祭告家庙后，投水死。花云的独子在侍婢的努力营救和极力掩护下，终于回到了朱元璋的门下，元璋交由家人抚养，赐名为炜。成人后，继承父业，被任命为水军卫指挥佥事。花云之死与其子脱险的经历，实为一场催人泪下、雄壮惊险的历史活剧。

陈友谅攻占了太平府，更不可一世。急切杀死徐寿辉后，迫不及待的在采石以五通庙作行殿，把庙中神像搬出门外，自己在殿中登基称帝，国号汉，改元大义。群下在江岸依次行礼。正值天降大雨，冠服皆淋湿，即位典礼不能尽兴，草草收场。众人都以此为非吉祥之兆。随后陈友谅约张士诚共同向朱元璋发起进攻。士诚本来没有友谅那种争夺天下的野心，加上他开府苏州，占据着富饶之地，超乎陈氏，更是朱元璋能力所莫及的！虽近期连遭败仗，也不愿与其联合行动。这也没有减少陈友谅的兴致，他自己仍欲乘胜进攻应天，朱元璋所部大为震动。

几年来，陈友谅称帝时，已占有江西、湖广之地。现在面对其强大的进攻态势，朱元璋的内部议论纷纷。献计者有人主张献城投降，有人主张拼一拼，拼不过再逃跑到钟山打游击，只有刘基瞠眼不吭一声。朱元璋召之入内，刘基气愤地说："先杀了主降和主走者，而后才能破敌。"问："先生有何高见？"答："贼兵远道而来，势虽嚣张，但必骄疲，而我以逸待劳，打开库府，宣布至诚，激励士气，要以伏兵伺机出击。"还说"取威才能制胜，成王业，定天下，在此一举矣！"在刘基看来，这是一场重要的决战，首先不可畏敌如虎，要看到他是骄兵必败，其次可以诱敌深入，以伏兵邀击。朱元璋同意并接受了刘基之策。

如何行动，朱元璋部将意见不一。朱元璋纵览全局，结合彼此特点与条件，提出一个妙计，认为"足以破之"，具体的策略是，一是从大的方面，决不让陈友谅与张士诚联合，为此，他要求快速行动，在他们未联合前先打击一个，再镇住另一个；二是派胡大海领兵捣陈友谅的门户信州（今江西上饶），以牵制其兵；三是利用元朝降将康茂才行诈降之计，让他利用过去与陈友谅的旧有关系，假装欲叛，派人捎信，约其来攻，而自己做内应。康茂才完全接受安排，说他家有个看门老人，曾侍奉过陈友谅，颇得信任，忠厚老实，不会泄露机密，派他带信来往，如计而行，看门老人携茂才亲笔书函，乘小船深夜拜见友谅。友谅接书大喜，说"此天助寡人成功也"。又问康公今何在？答曰：现守江东桥。陈友谅自认为心中有底，以酒食款待老翁后送回，还嘱托告知康公，他亲自进军江东桥，到达后则呼"老康"为号，老翁答应照办。朱元璋这边的阵营，徐达、常遇春等诸将领统兵埋伏在康茂才与陈友谅相约的地点，朱元璋亲自统帅大军在城北的卢龙山（狮子山）接应指挥。朱元璋一面派胡大海军进取广信（江西上饶），阻抄友谅的后路，一面在友谅的进军路线，布好重兵埋伏。

又连夜把江东木桥拆改成石桥。陈友谅竟未识破这一大阴谋，率领舟师顺流东下，赶到江东桥，一看是石桥，知道受骗，士气立即受挫，连喊"老康"，也没人答应；这时朱元璋命令击鼓，四周伏兵高声呐喊，奋勇出击。陈友谅的精锐兵团被紧紧围住，徐达所率队伍也赶到，舟师齐集于此，开始了内外水陆各军联合进击的形势。很快，陈军大溃，难以支持，被杀的、淹死的不计其数，被俘虏的就有2万人。陈友谅水军准备乘船逃遁，正值退潮搁浅，行动不得，全部被俘。陈友谅改乘别的船只逃生。在他所乘舟的卧席之下得到康茂才的信。朱元璋叹息说：他竟愚蠢到这地步，太可笑啦！

友谅逃回采石，又被占领此地的廖永忠部等截住，勇猛射杀其残余部队，又战败逃走，疲于奔命。不得已，陈友谅只好放弃太平，直奔江州。残败形势下，陈友谅所部诸多将领献城归附朱元璋；同时，朱元璋又得到了安庆、信州、饶州、袁州和建昌等要地。正是陈友谅被打得落花流水的时候，张士诚也没敢出兵援救。这恰好验证了刘基"兵竟不出"的预言。

陈友谅的这次失败，不仅暴露了其内部固有的矛盾，而且也使这些矛盾进一步加深，加速了内部分化。陈友谅的降将李明道说出了实情：友谅杀徐寿辉后，将士离心离德；政令不畅，独揽大权者多。对像赵普胜这样的将领也因猜妒而杀害，使许多人心怀忐忑；陈友谅虽然兵力很多，却不会为他效力。朱元璋听后，促进了继续对陈用兵的决策。龙凤七年（1361年）正月，朱元璋被小明王封为吴国公。龙凤七年八月，朱元璋决意专力进攻陈友谅！

(2) 三大战役

朱元璋利用北方红巾军继续对元朝作战的机会，来消灭陈友谅，这也是他先南后北策略的组成部分，以便扩大自己在南方的势力。主要有三次大的战役，取得对陈友谅的全胜。

一是安庆之战（安徽怀宁县）。事前安庆得而复失。龙凤七年（1361）七月，朱元璋便率徐达、常遇春等各领舟师，从龙湾出发。他本人所乘龙骧巨舰，树大旗，上书："吊民伐罪，纳顺招降。"诸军乘风溯流而上，记载有鸟数万挟朱元璋之舰而飞，又有来自西北方向的蛇浮江蟠舵，皆为非常现象。第二天至采石，泊牛渚矶，复有龟蛇于急流中整日旋绕舵后，大家高兴的认为神来助威。自2日到25日，朱元璋军队连克安庆、江州，陈友谅不胜惊讶，自己军队仓猝不能成军，无奈亲自督兵迎战，仍被朱元璋的舟师两翼夹击，大败。友谅见势不妙，半夜携妻子弃城逃往武昌。25日朱元璋军入江州，乘胜追拔南康、蕲州、黄州（黄冈）、黄梅、广济、兴国等地。至此时，江南的大部和湖北的东南角，都归属朱元璋管辖范围之内了。可见，朱元璋的势力在逐渐壮大；相反，陈友谅的地盘却日渐缩小。双方军事力量对比的逆转，证明了朱元璋确实有实力和陈友谅决战了！

朱、陈在战场上的得失，决定人心的归向。陈友谅在战场上接连失利，引起了内部的分裂，而朱元璋乘机招降了陈氏的几员大将，如小孤山的守将傅友德和赵普胜所部。又有陈友谅的江西行省丞相胡廷瑞、平章祝宗派人到江州（九州）投降，但提个条件，即要求保留原有的部属。朱元璋听后颇有难色，刘基唯恐发生意外，急忙踢了朱元璋的座椅。元璋顿时恍然大悟，当即许诺。胡廷瑞投降朱元璋的消息传开后，陈友谅属地瑞州、临江、吉安等地的守将纷纷来奔。但是，这些人的到来也隐藏着后患。胡廷瑞投降朱元璋后，立刻献出南昌城。朱元璋在江西废除了陈友谅向百姓征收的"军旅百需之供"税，城内居民高兴万分。并委任邓愈为江西行省参知政事，镇守南昌。朱元璋非常明白，现在自己的力量还不足以彻底消灭陈友谅，等自己准备充足时再去捣南昌。于是，他自率大军回金陵，携胡廷瑞同行。

二是洪都之战。朱元璋占领了龙兴（江西南昌县）后，下令改龙兴路为洪都府，任叶琛为知府。又对洪都城做了一番防水患的规划，就在朱元璋春风得意之时，留在洪都城的降将祝宗、康泰在三月中旬筹划叛变。待朱元璋携胡廷瑞离开洪都，他们就开始叛乱了。守将邓愈没有预料此事的发生，毫无准备，只能仓猝应战，从重围中逃回应天，洪都遂落在了叛军的手中。朱元璋急忙派遣徐达前去征讨叛贼，与叛军在洪都城下交战。祝宗、康泰无力应对便弃城逃走，洪都又失而复得。朱元璋认为，洪都重镇，是应天西南的屏障，一定要派骨肉重臣镇守，于是命亲侄朱文正为大都督，统元帅赵德胜等和参政邓愈共同掌控。

陈友谅战场上惨败，疆土缩小，气急愤懑，又大造战舰，准备决一死战。舰高数丈，上下三层，外涂红漆，每层都有走马棚，每艘大舰可载三千人，中型的可载两千五百人，小型的可载两千人。

稍稍稳定，事端又起。龙凤九年（1363）初，自北方的安丰传来消息，张士诚派部将吕珍带领十万大军助元廷进攻安丰，来势汹猛。刘福通几万人马被困于孤城，做殊死抵抗。安丰城小，粮食紧缺，经几十天的围困，粮食断绝，战马已被吃光；将士们以人肉充饥，甚至挖出地下被埋的腐尸来吃；井底下的泥土做成泥丸用人油炸过填肚子，惨不忍睹。刘福通在万般危急中到处寻求救援，只有朱元璋答应，朱元璋出于双重考虑，一是安丰被攻破，会使张士诚的势力扩大，威胁着北方的安全；二是考虑到君臣名分，毕竟还顶着龙凤年号，应救人于危难之时。于是，执意亲自率领徐达、常遇春两员得力干将奔赴安丰。到达时，正值吕珍攻破安丰，刘福通战死。朱元璋随即与吕珍展开激战，三战三捷，小明王被救出。

第二年，就在朱元璋去安丰救驾时，正如预料，陈友谅遣大军舰数百艘，小舰无计其数，并亲率60万大军及文武百官，空国而致洪都，大有决一死战的架势。大舰可乘水涨附城而登。然而，陈友谅没有想到的是，洪都被朱元璋占领后，已移城去江30步，自己制作的大舰不得靠近。无奈改为以兵围城，这可非易之事。洪都守军不足一万人，朱文正等守将在临阵情况下，做了紧急动员，并在各重要位置布下重兵勇将。朱文正亲自率兵二千，居中控制，全面指挥。陈友谅全力攻城，使尽了各种攻击之术，昼夜攻打，城墙被炮石摧毁了多次；守将们一面御战，一面率民众修城，双方攻守战十分激烈，伤亡也极为惨重。朱元璋救小明王到滁阳后，立刻赶来，调回攻庐州的徐达与常遇春的兵马，七拼八凑才有二十万人的兵力，仅是友谅的三分之一；况且朱元璋的战船都是小型的舰艇与陈友谅的巨型舰船相去甚远。朱元璋亲率二十万舟师尽数出征。徐达、常遇春、冯国胜、廖永忠、俞通海等皆从之。大军溯江而上，十天后抵达湖口，开始做迎敌准备。先派指挥戴德以一军驻江北泾江口，又派一军屯南湖嘴，以扼住陈氏的后退之路；这如同两把钳子，夹住了自鄱阳湖到长江的出口，堵住了陈友谅的归路，等于把他关在湖心里痛打。

陈友谅听说朱元璋亲自领兵来援，立刻停止了对洪都的围攻。陈友谅围攻洪都到七月十九日，有85天了。于是，朱元璋东出鄱阳湖以迎战，打响了著名的鄱阳湖之战。

鄱阳湖大战可称为第三大战役。朱元璋、陈友谅两军大战鄱阳湖，堪比历史上的赤壁之战、淝水之战的生死殊战。朱元璋对其诸将说，陈友谅主动退师洪都来此与我交战，表明他是下了死斗的决心了。告谕将士们有进无退，奋勇杀敌，歼灭此虏，正在今日！

至正二十三年（1363）七月二十日，朱、陈两军相遇在鄱阳湖南部的康郎山（湖内的康郎岛）。一场激烈的鏖战从此打响了！就两军实力比较，朱元璋还是处于劣势，曾多次被友谅军打得团团转，无以还击之力。但士兵勇猛杀敌是无与伦比的。朱元璋所乘的指挥舰，有一次被友谅军包围，"活捉朱元璋"的喊声震天响。这时一名叫韩成的将官，见势不妙，在这关键时刻，立即自愿当替身，穿戴着朱元璋的衣冠，面对陈军跃出舱外，投入湖中溺死。敌人信以为真欢呼叫喊，之后攻势稍缓。从而转移了目标，朱元璋的指挥舰得以脱险。

一场鏖战，从上午打到日落西山。诸军欲退，朱元璋登上楼船鸣钲集合，向诸将申明约束死生利害，诸将皆举手宣誓至死不屈。但是恐怕张士诚乘虚而入，朱元璋令徐达回应天防备。二十二日晨，朱元璋又鸣角，舟师毕集，并亲自布阵。继续与陈友谅交战。友谅军容甚盛，舟舰高而大，而且连锁为阵，旌旗楼橹，望之如山。朱元璋军舟小，仰攻多却，即使朱元璋亲自督战，仍踌躇不前。而且左翼军还有退却现象。有人看出了问题所在，向朱元璋提议说，不是将士不听命，而是船的大小太悬殊，士兵无法施展，现在非用火攻不可。建议被接受。朱元璋利用敌舰的大、不易转动的弱点，采取火攻的办法。遂命常遇春等调来7艘渔舟，装载芦苇，放上火药，浇上油；每7只船编为一队，分成若干队；舟之中束草为人，穿戴甲胄，各持兵器，作战斗状态，令敢死之士操之，后边准备逃脱之舸。当日午后三、五点钟，东北风起，将要与敌舟接近，乘风纵火，风急火烈。一会儿便与敌舟相接，陈友谅的数百艘船只骤然起火，一时浓烟蔽天，湖水尽赤，死者过半。友谅之弟友仁、友贵及其平章陈普略皆被烧死，继又斩首两千余级。这就是朱元璋用的"自杀舰艇"战术，打垮了陈友谅庞大的水军部队。

作战形势对朱元璋极为有利，为置陈友谅于死地，他对诸将士发布宣告：陈友谅战败士气颓丧，很快就覆灭了，但我们不能松懈，应加倍努力战胜他。于是诸将又开始了一场新的冲刺。当时朱元璋所乘舟樯为白色，被发觉，友谅欲并力攻之。朱元璋知道后，连夜下令所有的船，全部把舟樯染成白色。天亮以后，一看无法辨认，敌人无比惊骇。两天后复联舟大战，敌兵巨舰，难于运转，朱元璋之兵以小舟环攻，几乎杀尽敌卒，敌舟全部被歼。俞通海、廖永忠、张兴祖、赵庸等以6舟深入搏击。敌联大舰极力拒战，自己一方的军队望此6舟不见，以为已经陷没。过一会儿，只见6舟围绕敌船而出，自己一方之军士气倍增，更加同心协力，呼声震天动地，波涛汹涌澎湃，致使白日不见太阳。击战至午，敌兵大败，所弃旗鼓器仗，浮于湖面；陈友谅甚感失魂落魄，只得敛舟自守，不敢再战。

朱元璋坚持提出必须先移舟出湖才算万无一失。正值水路狭窄，舟不得并进，恐为敌兵所乘。到夜里，命令每船置一灯，相随渡浅，至天明，全部安全渡过，泊于左蠡。陈友谅亦照此办理，移其舟出于泊潴矶。相持3天，友谅左右两金吾将军率所部前来投降。这是友谅屡败内部矛盾加深的结果，友谅失此二将，益发衰弱。

朱元璋既驻师左蠡，又写信给陈友谅，斥责他的所作所为并提出挑战。陈友谅得到此信后大怒，扣留使者不遣，又建金字旗，周回巡逻，下令捉获朱元璋的战士，全部杀死。残忍啊！相比之下，朱元璋对此却采取了从宽的行动，他命令把俘获的陈友谅的军士全部放出来，发现有伤者，给医药进行治疗，并遣还。下令：凡俘获彼军，皆勿杀。又令祭奠死难的友谅之弟及其将领。

与此相配合，朱元璋发起了新的军事进攻，他下令诸将常遇春、廖永忠等率舟师出湖口，横截湖面，邀其归路；又布阵另一军立栅于岸，控扼湖口15天，友谅不敢出。至此，朱元璋又修书一封致陈友谅。陈友谅见信，只是愤恨不已，却无言以答。友谅住湖中时间一久，军无食粮，遣舟500艘掠于都昌，朱文正又使舍人陈方亮潜去烧其舟，更陷入粮绝的困境。斗转星移到了八月，陈友谅进退两难，无处容身，欲奔还武昌，便率楼船百余艘向南湖嘴开动，却被朱元璋军阻遏；想之突出湖口，朱元璋又指挥诸将邀击。两军之舟联比顺流而下，从上午打到下午，激战不已。至泾江口，友谅之军又遭驻在那里的朱元璋军痛击。陈友谅在泾江口大战时，从舟中伸出头有所指授，恰被流矢击中。朱元璋大军听到这一消息，欢呼雀跃，斗志愈加昂扬。

经过36天的激战，取得了鄱阳湖大战的胜利。这是在朱元璋的戎马生涯中，经历过的最艰苦的一次战事，消灭了多年的劲敌，为其创立帝业奠定了坚实基础。接着擒获了陈友谅所立太子善儿、平章姚天祥等。然后是陈友谅一大批文臣武将带着楼船军马前来投降，合计起来得到降卒5万多人。所余只有陈友谅的太尉张定边、杨丞相、韩副枢等，乘夜黑，以小舟偷偷载着友谅之尸及其子陈理直奔武昌逃走。追兵不及，一行人至武昌。

(3) 陈氏败亡

陈友谅死时年仅44岁，当了4年皇帝。其子陈理在武昌被立为帝，仍称为大汉皇帝改元德寿。有人劝朱元璋乘胜除掉他，元璋不允。九月初，朱元璋率军从湖口（鄱阳湖之口）出发，回到应天，告庙饮至，论功行赏。赐常遇春、廖永忠等田地，其余将士给金帛多少不等。然后朱元璋与诸将总结鄱阳湖之战，朱元璋说出了自己的看法，他认为，古人所说的天时不如地利，地利不如人和，就陈友谅的优势，只有天时和地利，而这两个方面都不如人和。陈友谅貌似强大，但人心不齐，上下猜疑；加之连年东征西讨，不能养精蓄锐，兵士疲惫不堪，丧失了士气，失去了民心。而我军却能待时而动，动则威，威则胜，所以作战时，将士团结一致，人人能奋勇争战；如同老鹰扑雀，连巢穴都被倾覆。这就是我能战胜陈友谅的原因。众将士听后很是佩服。

可我们也不能不看到陈友谅犯了天大的错误，给了朱元璋取胜的机会。就在朱元璋去安丰救援时，陈友谅没有去攻应天，而去围洪都！尤其是大军围城三个月不克，这样使朱元璋能有充足的时间调集兵力去对付陈友谅，这是事后朱元璋对刘基说出了自己的后怕。

至正二十三年（1363），亦即龙凤九年九月十六日，朱元璋命李善长、邓愈留守应天，自己则带着常遇春、康茂才、廖永忠、胡廷瑞等亲征陈理，向武昌进军。马步舟师，水陆并进，十月七日，兵至武昌城，立即采取三项措施：一命常遇春等分兵于四座城门外，并立栅围之；二在江中联舟为长寨，以绝其出入之路；

三分兵略汉阳、德安等州郡，扫除外围势力。十二月初一，朱元璋从武昌回应天，由常遇春等继续围攻。行前，他对诸将说，陈理犹如困在圈内的小猪，欲出无门。时间一久，自会降服；如果他们要出战，不要与其交手，只要坚持以营栅继续围困，不怕武昌城不归附。

龙凤十年（1364）正月，朱元璋在应天将吴国公改称为吴王；又因为应天在历史上曾是三国时孙权吴国的国都，这样称吴王是有根据的。民间称朱元璋为西吴王，建造吴王府。随后，立即着手按照王朝的规制建立行政机构，百司官署。朱元璋发布的命令，开始用"吴王圣旨"的官样了。是年，朱元璋37岁。

当年的二月，朱元璋以武昌久围不下再次亲征。并选派陈友谅旧臣罗复仁入城劝降，十九日，陈理衔璧肉袒并率其太尉张定边出降献城。理至军门，俯伏地上战栗不敢仰视，朱元璋显示出尊者大将风度，拉起陈理的手说"我不给你治罪，你不要害怕"。又派宦官入其宫中，安慰友谅父母，以礼相待；告知府库所有财物随理任意取之。让他们的文武官僚依次出城，妻子财产皆可带走。朱元璋又对手下的将士强调纪律，士兵不得入城劫掠，市井平静。城中饥困之民，命给粮米救济。还召集父老进行抚慰，众人很快把城内状况传向周围城镇。不久，附近的汉、沔、荆、岳诸郡县都来投降，连友谅之兄友才，号称"二王"者，正在益阳做拼命挣扎，听到这么宽厚，也放弃抵抗前来投降。朱元璋回到应天，封陈理为归德侯。

到了第二年（1365），广东韶关（州）守将、南雄守将等都来归附。陈友谅原有的疆域，从汉水以南到韶州（广东曲江）以北，辰州（湖南沅陵）以东，赣江以西，全都为朱元璋的领地。元璋已不再是仅有区区长江三角洲范围的小局面了，而是横跨几省且富饶的沃土肥田了。前后八年的征战，至今取得丰硕的战果，对此朱元璋感慨万千，他对其臣下说：陈氏之败，主要败在"上下骄矜，法令纵弛，不能坚忍，恃众寡谋。"陈氏也非无勇将健卒。若是没有以上失策，凭着他的富有、险阻和广袤的领地、众多的民众，绝不会落到如此悲惨的结局。这位未来的洪武帝从对陈友谅作战斗争中悟出了许多成败的经验教训。

2. 平定张士诚

(1) 包围战术

张士诚，江苏泰州白驹场亭人（江苏兴化县），小名九四。初在当地盐场当一小职员。借工作之便，伙同其弟士德、士信贩卖私盐，发了点小财。并结交了当地的豪绅买通官府，"生意"越做越大。后来不忍来自多方的敲诈，杀死了歹徒，烧其宅院，闯下大祸，遭官府通缉。走投无路，便与其患难乡亲李伯昇等18人结盟，树起了造反的大旗。接连攻陷了泰州、兴化、高邮等长江下游的一些地区。张士诚为人讲义气，轻财而好施与，受人拥戴。至正二十三年（1363），当时元廷矛盾重重，又无力控制地方起义势力，对张士诚行既拉拢又压制的政策。张士诚就利用这个机会，渡江攻占了平江（苏州），后改为隆平府，自立为吴王，人称东吴王。随后又侵夺了常州、湖州、松江等一些重镇。

总之，张士诚控制的地区：北起徐州、通州、泰州、高邮、淮安、宿州、濠州、泗州、济宁，南到绍兴等地，南北之间约二千余里；西与朱元璋的地盘接壤，东濒大海。占据了刘福通起兵时的整个地区。更重要的是这里有太湖流域的鱼米之乡，物产丰富，人口众多；自古以来就是我国经济发达的地区，最有可能成为成功人士物资保障的重要基地。可是张士诚不求进取，满足现状，在攻取平江后，大兴土木，建筑富丽堂皇的楼台馆舍；养美女，日夜行乐，还怂恿当年和其一起走江湖的穷哥儿们花天酒地，部下日益腐化。作战时，将领们躺在家中不赴命；打败仗不受处罚，不问罪。用人也不当，其弟张士信做丞相，生活荒淫，不问政事。下属官员参事黄敬夫、蔡彦夫、叶德新（简称黄菜叶）是一些只会空谈的迂腐书生，而身边的一些有识之士，劝他要与民休息，乘时进取，可成就霸业，否则一事无成！这些肺腑之言，张士诚不仅听不进去，还企图加害这些人。

朱元璋在消灭陈友谅之后，曾对全国的几股军事势力做了分析：河北的元军有兵而无纪律；河南的元军兵不振，无战斗力；关中的李思齐、张良弼的军队因道路不通，馈饷供应不足；江南只有张士诚的军队能和我们抗衡。由此看来，朱元璋把以后的攻击目标就锁定在张士诚方面了。但要一举消灭他，并非容易的事，所以朱元璋还是采取谨慎的战略。

朱元璋在谋士们的帮助下，制定了攻打张士诚的策略步骤，总的计划是采取大包围的态势，具体分三个步骤：先拿下泰州、高邮、徐州、宿州以及淮安等东吴北部淮水下游的地区，翦其肘翼；其次南下浙西、湖州（浙江吴兴）、杭州；最后围攻平江（今苏州），捣其老巢。

龙凤十一年（1365）十月十四日，朱元璋正式下达了征讨张士诚的命令。

战斗开始前，朱元璋毫不轻敌，做了充分的准备。特别加强了军队的训练，以提高战斗力。他亲自检阅将士，分队演习，并有不同等级的银两奖赏，所有将士都遍给酒馔慰劳。伤者给医药。

三天后，朱元璋派出有威望的统帅徐达、常遇春、胡廷瑞、冯国胜、华高等率马步舟师水陆并进，规取淮东、泰州等地，三天后进逼高邮。

再围取淮安、濠州、泗州。

龙凤十二年（1366）三月，徐达攻取高邮、兴化，四月攻占淮安。不久，朱元璋发书致宿州吏民，招降成功。以徐州为根据地，相继攻取了邳、萧和宿迁、睢宁等诸县。

至此，大约用了半年多的时间，朱元璋就把张士诚的势力驱逐到了长江以南。他占领了淮东地区暨长江北岸的大小诸镇，即完成了预期的计划。翦其北面肘翼，准备直向张士诚的心腹地区进攻。

（2）攻取浙东

淮东诸郡县平定，朱元璋准备对张士诚发起大规模的歼灭战，夺取张氏的（浙东）江南地区。为了取得文臣武将的共识，朱元璋召开了战前军事会议，听取大家的意见后，排出众议，肯定地说：张士诚占据姑苏，多次侵扰邻界之地，是我境内的寇贼，不可不讨伐，现在正是时候。

为了争取群众，安定民心，至正二十六年（1366）五月，朱元璋发布了有名的《平周榜》，即讨伐张士诚的檄文，展开了强大的舆论攻势。

檄文开头，揭示了元末统治的腐朽以及农民借宗教起义的深刻的社会背景，还有朱元璋本人从起兵到灭陈友谅的经历。文中列举了张士诚的八大罪状，即：

其罪一，为民时私贩盐货，于江湖在行劫，起兵后又聚集凶徒，固守于海岛。唯恐难与天下争衡，又向元朝诈降，其罪二。窃据浙西，兵不满万数，地不足千里，却僭号改元，其罪三。最初侵犯我边，一战而生擒其亲弟，再犯浙江省，我军锋芒直逼他的边境首尾畏缩，又去诈降于元朝，其罪四。占据江浙，钱粮十年不贡，其罪五。表面上接受元朝的诏令，暗地里却借朝廷号令，挟制浙江行省丞相达识帖木儿，谋害左丞相杨宪者，其罪六。知元纲已乱，公然杀害其江浙丞相达识帖木儿、行台大夫普化帖木儿，其罪七。持其地险食足诱降我的将领，劫我边民，其罪八。

这是一篇很重要的历史性文件，以上列举的罪状内容，除了第四、第八条是直接指责张士诚对自己以外，其他六条全是斥责张士诚背叛元朝的罪状，像是替元朝写的讨伐檄文。由此我们可以理解为是朱元璋的策略，就是在对元朝决战之前要利用元朝为己服务，对付张士诚。由此也可以看到，朱元璋已极力表明他已超乎元朝和各起义军力量之上，为重建新王朝而奋斗了。

八月四日，徐达、常遇春统军20万，水陆齐发攻打湖州，四面围攻。张氏派兵6万赶来解围，十月，双方战斗进入了激烈的阶段，张士诚亲率大军增援。

与此同时，朱元璋派朱文忠率师攻打杭州，其目的是使张氏东西应战，疲于奔命。不出所料，十一月，旧馆的张氏军队惨败，湖州归附。嘉兴、绍兴不战而降。杭州的东吴守将见状，深知城守不住，遂献城投降。朱元璋对其全城归顺，民不遭殃，最为满意。

同年十二月，朱元璋派廖永安去滁州迎接小明王。途经瓜州渡口，暗中把船凿沉，小明王葬身江底，宋朝亡。从此，朱元璋宣布不再用龙凤年号，明年开始纪年改为吴元年。

（3）歼灭张士诚

朱元璋采取的第三步骤就是围困平江，捣其巢穴。这平江是张士诚经营多年、城防坚固、粮草充足、不会轻易被攻克之地。十一月二十五日，徐达统军开始进攻平江。徐达在城外垒起长围，把城严严实实地围住，断绝内外联系。且在长围外驻扎兵营。平江的八个城门外都派兵围堵。相应的措施还有架木塔，与城中的佛塔相对，筑台三层，下瞰城中，每层上放弓弩火铳等。又设襄阳炮日夜击之，城内恐慌。朱元璋的士兵猛攻，张士诚的兵士死守。半年时间，平江仍未攻下。张氏城内弹药用尽，就自制飞炮，击中率很高；但城中的木石用尽，开始拆祠庙、民宅为炮具。而城外的徐达则命令架木作房屋状，以竹笆支撑，军士埋伏其下，展开攻势。

双方相持达十个月之久。张士诚面临外无救兵，内无粮草的窘境。城中百姓争相食鼠，一只鼠贵到百钱，靴子的皮革和草煮吃充饥。这种"困服"的锁城法没能奏效，趁机朱元璋写信给张士诚劝降，遭拒。城内几名守将无力抵抗，纷纷投降。张士诚见兵败不可挽救，愤然积薪于齐云楼下。当城被攻破时，驱其群姜伺女登楼自尽，又命其养子在楼下纵火，张士诚打算以自到结束生命，可惜被人救下。已成阶下囚的张士诚被徐达派人送往应天；士诚在舟中一路闭目不食，至龙江，坚卧不肯起。抬到中书省，相国李善长问话，不予回答。转而开口，出言不逊，李善长也怒而骂之。按朱元璋的心意想保全其性命，而张士诚竟自缢死。不久，通州、无锡也相继归降了。

后经过二年多的奋战，朱元璋取得了平定张士诚的完全胜利。事后，徐达又根据朱元璋的旨意，与常遇春约定，攻占姑苏后各分一半进行抚定，并令将士各持小木牌，上写：掠民财者死，拆民居者死，离营20里者死。因此进城之后，秩序井然，号令严肃，军士不敢妄动，居民晏然。张士诚在平江失守之前，烧掉了征收赋税的图籍，而没有烧毁城中百姓的住宅和建筑。对此，平江百姓很怀念他。每年的七月三十日烧"九四"香，称地藏香，来纪念他的生日。

朱元璋占据姑苏后，很快就把平江路改成苏州府。

朱元璋总结了张士诚失败的教训，对群臣说道：我初定建康，各守自己的境土，不曾有意对其攻伐。但他诱我将士，连年挑起战事，最终被擒。假如早有觉醒，对外睦邻，对内安抚百姓，岂能被打败？再又骄奢自娱，不念民艰，其下属又没有对他忠心耿耿的谋士，终以诡异失败。继而指出这一胜利的意义和下一步行动的目标。朱元璋说：我刚渡江时，仅占据江东几郡而已，陈在上流，张士诚是吾腹部心之患，我们被挟持在中间，实在艰难，今天二人皆被消灭。但东南虽空，而中原尚存忧患。大家应当通力协作，不能自以为太平，而忘乎所以。汲取张士诚的教训，要引以为戒。

凯旋回到应天后，朱元璋论功行赏。进李善长为宣国公，徐达为定国公，常遇春为鄂国公。其他将士也有相应的赏赐。

五、乘胜北伐 直捣大都

1. 北伐

（1）有利战机

朱元璋在南方战场取得胜利之后，又迎来了北伐和统一全国的有利战机。

首先，龙凤政权的消亡。朱元璋曾为龙凤政权属下十余年，但是自从龙凤三年（1357）分兵北伐之后，这个农民起义政权在力量分散的状态下，外重内轻，渐渐失去了存在的基础。龙凤十一年韩林儿之死，意味着元末农民大起义中所建的宋政权已退出历史舞台。实际上朱元璋解除了北伐一障碍，清除了称帝前行路上的一绊脚石。

其次，元朝真正作为朱元璋北伐中原的进攻目标已陷入严重危机，无可救药。表现在元朝早被红巾军起义的南北征讨截成两段；漕运不通大都乏粮；秦晋告急，陕、虢（晋平陆县东）失守，断了崤、函之路，东西又被隔绝，至刘福通红巾军三路北上攻占了上都（开平，今内蒙多伦县），大元的一统天下已四分五裂了。元朝朝廷也腐败透顶，顺帝骄奢淫逸，不理朝政，有"鲁班天子"

称号的他，整日为左右亲近大臣，建造住宅；内侍借此机会搜刮金银；关心国家命运前途和人民疾苦的大臣上书进谏，顺帝一概不理；朝廷最高统治集团内部拉帮结伙，争权夺势，皇帝与其子分为两派，互相排斥。丞相哈麻支持太子提前接班，欲废顺帝，行动败露，丞相被罢除，但太子仍不甘心，继续与皇后合谋夺位；最成问题的是，掌握兵权的在外征战镇压起义军的几员将领，飞扬跋扈，既不能团结一致对敌，也不服从朝廷调遣，各自为政，抢占地盘，大打内战。察罕帖木儿称霸河南、陕西，孛罗帖木儿驻大同，欲争山西、河北，另有张良弼与察罕矛盾平襄汉，李思齐讨四川，复起的扩廓帖木儿（王保保）驻汴、洛，是当朝依赖的对象。经过几番争斗，孛罗被杀，之后王保保被封为河南王，掌握一切大权。但元朝统治集团如此你争我夺，其势力范围总的来看是日益缩小，大致不出山东、河南、河北、陕西之间。

最后，发动舆论攻势，促进形势向有利于自己的方面发展。早在龙凤五年（1359），朱元璋就派人至元都北京，侦察元朝统治的情况和当时掌握军队将领等的军马阵营，了解了元朝的虚实。准备进行有效的征战。两年后，朱元璋再次遣使汪河使元，通好察罕帖木儿，目的使其明辨是非，权衡是归顺朱元璋还是死守元朝。后来察罕未书，扣留使者。直到龙凤九年被扣的汪河才得归。龙凤政权最后一年（1366）元徐州守将陆聚，以徐、宿二州降徐达，朱元璋以此二州为"桑梓地"不烦加兵，并委任陆聚为江淮行省参政，守徐州。

吴元年（1367）正月，朱元璋再次致书于扩廓帖木儿，斥责其扣留使者，实为眼光短浅，肚量狭小，缺乏深谋远虑。并威胁他如战端事起，生存难保！朱元璋前后总共 7 次致书扩廓帖木儿，皆无回答。这促使朱元璋必须采取新的步骤，便是准备以武力解决问题。

(2) 乘胜进军

南部战场，仅是朱元璋全部战略中的附加成分。而北伐战场则成主要战场，主攻任务是夺取中原，占领大都，推翻元朝。平定张士诚的捷报一到，朱元璋即向将士发出号令说南方即平，中原仍处纷乱，因此应致力中原统一天下。

为了做到有战必胜，朱元璋对于北伐，做了缜密的考虑与部署，对选将进行了认真选择，要挑最优秀的，现部下谁能担当此任？认为徐达"听受吾言"可委以重任；常遇春"果敢有为"，可以辅佐，其余或为副将或为守将。

至于这一仗怎样打法，朱元璋对北方的形势反复斟酌，征询谋士们的意见，并与参战将领们商讨。朱元璋说，元朝建都百年，城守坚固，如果旋师深入，又不能很快攻破，屯兵城外，粮草供应不上，援兵四集。进不得战，退无所据，岂对我极为不利。最后定夺说，先取山东，撤其屏障，立即回师河南，断其羽翼，拔潼关而守之，占据其门户。然后进兵之大都，元朝必是势孤无援，不战而克。既然都城已占领，即可乘胜西进，云中（大同）、九原（太原）以及关陇之地可席卷而下。朱元璋的战术是稳扎稳打，步步为营，逐步推进。前后方连接在一起，人力和粮饷的补给也控制在自己手中。这就可以用自己的全部主力，集中打击敌人分散的兵力。若是把握得当，可稳操胜券，若从不利方面看，也能立于不败之地。诸将对这一决策无不称善。

至正二十七年（1367）十月二十一日，命徐达为征虏大将军、常遇春为征虏副将军，统率 25 万大军，由淮入黄，北取中原。

当天朱元璋到七里山祭神，祈求皇天上帝助其完成统一大业，召集诸将，明确出征目的，"削平祸乱，以安生民"。

出发前，朱元璋给元顺帝、王保保两人各一信劝降。信中敦促王保保、元廷要认清形势，不要轻举妄动，要顺应天意，这也是战前向元廷发出的战表。同时，也致书给李思齐、张思道，让他们审时度势，兵民休息，实际是劝降。朱元璋还向出征的将士发布谕令，其中告诫说，你们这次出征，不仅是攻城掠地，主要是平息祸（战）乱，使百姓安居乐业。所经之处，遇敌则战，勿妄杀无辜，勿掠夺民财，勿毁民房、农具，勿杀耕牛，勿掠人子女。

正是这样的谕令，北伐大军切实执行，实际是把军事与政治、攻击与招降结合起来，双管齐下。使其所到之处秋毫不犯，百姓欢迎，这样对北伐的顺利进行起了重要的作用。

大军出发的第三天，也就是十月二十三日，朱元璋向中原地区人民发布了讨元檄文，进行政治攻势。全文近800字。

此檄文是朱元璋发布的一篇非常重要的宣言，它直接的目的是敦促当时在元朝统治下的人民迅速归降，从其提出的背景和影响上看，意义非常深远。文中说："自古帝王临御天下，中国居内以制夷狄，夷狄居外以奉中国。未闻以夷狄居中国治天下者也。自宋祚倾移，元以北狄入主中国，四海内外，罔不沉浮，此岂人力，实乃天授。"又："胡虏百年至运，验之今日，信乎不谬，当此之时，天运循环，中原气盛，亿兆之中，当降生圣人，驱逐胡虏，恢复中华，立纲陈纪，救助斯民"。分析来看，其一，檄中突出的是以民族主义相号召，用传统的华夷之分，鼓动人们推翻元朝的统治，这里提出的"驱逐胡虏，恢复中华"，竟成了五百年后中国近代资产阶级革命的一个口号。提出民族独立的伟大号召远比恢复一个旧王朝要先进得多。其二，"立纲陈纪，救济斯民"，更是获得社会中广大群众的拥护。其三，从整篇看，文中表述了大一统的思想，远远超过农民起义的狭隘境界。其四，文中还说，"如蒙古，色目，虽非华夏族类，然同生天地之间，有能知礼仪，愿为臣民者，与中夏之人抚养无异"。这对汉人以外的蒙古、色目等少数民族是极大的慰抚，同生一个国度，都可以享受同中国人一样的生活，还要建立一个统一的国家。

北伐大军的作战进军大致可划分为四个阶段，第一阶段，吴元年（1367）十月至洪武元年三月，以攻取山东为主。第二阶段，分水陆两军攻取河南，时间是洪武元年三月至五月。第三阶段，攻取河北，时间是洪武元年六月至八月，攻下大都。第四阶段，攻取山西，扫荡扩廓帖木儿，迫其逃亡西北大漠。

在徐达、常遇春正副两将军率大军攻取山东、河南时，元朝的扩廓帖木儿和李思齐军队，正为争地盘、扩充势力而自相残杀，无暇顾及来自南方的朱元璋的军队，使得徐达大军一路很顺利，竟没遭到元军强烈的阻击抵抗。吴元年十一月初进取山东诸县，原以投降的元军沂州守将王宣父子，以假象为掩护招兵买马扩充军队，发现后被徐达杖死，其子逃走，原王宣治下的州县及其将士纷纷来降。十天后徐达按原计划，攻下滕州后向北很快又拿下益都，继之寿光、临淄、昌乐、高苑等县，及潍、胶、博兴等州，附近诸州纷纷归降。缴获颇丰，在山东境内招降，进军顺利。洪武元年三月，仅就徐达所辖下的山东诸州县，获兵士 3 万 2 千余人，马匹 1 万 6 千匹，粮近 60 万余石，盐近 6 万引，布绢近 8 万余匹，等等。这些都是奠定以后胜利的基础。

在进军较为顺利、归降者多的情况下，朱元璋及时提出处置意见，一是不能把降将留在原地，防止养虎为患，应把主帅遣往京师，士兵应散其为民，务农种桑；不能使其再聚集，降将及官吏儒生，其中有人才者要悉送，不得自用；二是应该注意戒骄戒躁，要居安思危，保持常备不懈；三是要给民众休养生息的机会，不得加重负担，抚爱百姓。在此朱元璋及时提示这些，它既是用兵之道，也是巩固基地取胜的根源。

　　山东全省告捷后，朱元璋命邓愈由湖北的襄阳向河南推进，抄汴梁的后路。洪武元年四月，徐达至济宁，由郓城渡黄河直达陈桥，于是形同两把钳子夹住汴梁。该地的守将听命于驻扎在陈州的左君弼，左氏早年在安徽庐州起义，属郭子兴同辈，种种原因没能独当一面，最后竟投奔元朝廷当了官。也曾与徐达军队交过战，朱元璋视其为"小敌人"，但始终未能消灭他。此时，朱元璋料定他也该屈服了，于是写信给他劝其投降。左氏得信尚在犹豫时，朱元璋把他的白发老母送往陈州，左氏大为感动，于是汴梁不战而降。接着在洛水的元军被打败。元河南行省平章梁王阿鲁温，到北伐军总部投降。常遇春兵取嵩州、汝州，扼住了三秦的门户，切断了关陇的通道。就这样，河南几乎就是有征无战地全省克复就范。朱元璋改汴梁为开封府。与此同时，冯宗翼兵攻潼关，李思齐宵遁走凤翔，张思道奔鄜城，宗翼入潼关，引兵至华州，元将皆望风而溃。徐达军进至陕州。徐达接到旨令，又谋取元都。时间不足一年，相继取得了占领山东、河南、潼关的战绩，完成了朱元璋的"撤其屏蔽"、"断其羽翼"、"据其户槛"的计划，对元军之都形成了三面包围的形势。

2. 直捣大都

洪武元年正月，在北伐战事正酣，推翻元朝即将成为现实之时，朱元璋在应天即皇帝位。这对直捣元大都有极大的鼓舞作用。

对于北伐直捣元朝的老巢，朱元璋有自己的看法，他认为，自己的军事行动起于江南，骑兵力量不足，且中原局势尚不稳定。因此其成其败都系于天命，元顺帝弃都而逃，不必穷追。但需固守强围，防其侵扰。这不仅决定了当时的北伐方针大计，而且影响了有明一代北部边防的格局。这也是元朝退出北京以后，并没有彻底灭亡，一直在北部有一个或几个政权坚持活动的一个因素。

洪武元年闰七月四日，朱元璋亲自画北征布阵图，派人送给大将军徐达，再次提示徐达"率师北征，廓清中原，拯民艰苦"。本月十五日各路兵俱会临清，于是大将军徐达率马步舟师北上，至德州，副将常遇春及都督副使张兴祖俱以师会。二十日徐达师至长芦，遂派兵克清州。再进至直沽获海舟七艘作浮桥济师，副将常遇春、都督副使张兴祖各率舟师并河东西以进，步骑走陆路而前，元丞相也速等望风奔逃，元都大震。很快，北伐大军从南向北，横扫河北。二十五日徐达率师进至河西务（今河北武清东北），战败元守将平章俺普达朵儿只进巴，二十八日进入通州城。早在徐达围困通州当夜三更，元顺帝就携后妃、太子、太监、宫女等，从大都建德门向居庸关方向逃奔上都。八月初二，徐达发起了进攻元都之战，师至齐化门，命将士填壕，登城查封府库宝物、图籍档案，封锁宫殿各门。街肆、百姓秩序井然。而入大都，宣布了统治中国98年的元朝已告终结。当时入城后，只杀了不肯投降的6名元官，未妄杀一人，号令士卒不得侵暴市民。

至此，北平这一座幽州古城，从五代时石敬瑭就割让与契丹沦陷给异族时起，已有 430 多年。宋朝太祖至神宗祖孙四代曾做过努力，试图夺回，可未能如愿。而今国土重回，岂不是中华民族的愿望！元蒙君临中国的政权已宣告结束，这一伟业，应归功于朱元璋和他的将士们。

　　朱元璋这时并不认为元顺帝弃大都北走就可以万事无忧了，他举出元朝势力还有驻大同（云州）的忽答一军，王保保的军队驻甘肃浊山谷（定县北），纳哈出一军占金山，失喇罕一军驻西凉（甘肃武威），引弓之士不下百万，所辖部落领地，不下数千里；牲畜肥，草土沃，是不可忽视的宿敌。

　　第二天，举行了隆重的仪式，群臣上表称贺，特别指出历史上的改朝换代，多数是“以臣取君”，惟有汉高祖和这位明太祖“起自民间”。随后下诏改大都路为北平府。徐达受命置燕山等六卫，以保卫北平。然后朱元璋令徐达、常遇春取山西，留三万兵士分隶六卫。

六、开创大明国

1. 登基为帝

祖辈为农的朱元璋，自认同和刘邦一样"起自民间"。当初起兵，完全是为饥寒所迫，躲避杀戮，并无称王称帝之心。但当群雄并起，元朝统治难以维持的时候，建立新国家，图谋自立为王为帝者便不乏其人了；又在长期征战与敌斗智斗勇的情况下多是胜者，这些都促使朱元璋萌发了主宰天下的思想。当然，这和周围人的提议也是分不开的。

其实，就在朱元璋参加红巾军的第二年，李善长就曾劝他效法汉高祖，创建帝业。结寨自保的冯氏两兄弟，归附朱元璋后，也曾向朱元璋献策，说"金陵龙蟠虎踞，帝王之都，……先拔之以为根本。……"他也曾以帝王的角度来欣赏金陵的险要。

但同时，朱元璋基于多方的考虑，使自己暂缓了做皇帝的打算。然而有三点值得注意，一是占领集庆之后，继取徽州时，以守将邓愈推荐的老儒朱升，在朱元璋召之问时务时，曾回答："高筑墙，广积粮，缓称王"。二是，至正十五年（1355），刘福通奉韩林儿称帝于毫，当时朱元璋是龙凤政权的臣僚。他说"念林儿势盛可倚借，乃用其年号以令军中。"其实，他何尝不想当更大的官呢？三是，早年一些起义首领，占据一些地方就称王立都，皆遭至元军的剿杀，使他不能不接受教训。这里有良言忠告，也有借势成为靠山之图。

随着形势的发展，朱元璋大军北伐已占据山东，南征军已降方国珍，取福建。这种让人高兴的形势，使应天府的文武官僚非常自然地估量到自己强大的军事力量，渴望在朱元璋势力下得到一统。为了适应这一新局面，必须建立全国性的政权机构，那就不再是局部地区的王者，而是掌握全国范围统治政权的皇帝。

朱元璋所焦虑的诸多问题中，现在只剩下小皇帝韩林儿的问题了。众所皆知，吴王朱元璋是皇帝韩林儿的臣属，韩林儿是他们的皇帝。而今朱元璋自己要为皇帝了，如何处置这个韩林儿呢？当然直接可以除掉，这样可能要落个千古骂名，而且这样做实在太露骨、太鲁莽，不可取。最稳妥的办法是，人不知鬼不觉地干净利落地除掉。于是演出了一场瓜步沉舟的悲剧。

瓜步沉舟这场戏演完了，朱元璋倍感轻松，决定从此不再用龙凤年号，翌年开始，也就是在至正二十七年，改称吴元年。朱元璋就有了事实上的一个朝廷，李善长为中书右相国，徐达为中书左相国，还有了各个等级的官属，独立政权的机构初具规模。

又早在与张士诚作战时，就制定了宫阙规范暨建造新城。在钟山之阳，建造宫宇；在钟山之阴，建太庙。更重要的是新王朝兴立，一代有一代的制度、礼仪、法律和历法。特别是一个帝王要用自己的年号，即建国立业的重要标志。

建国在即，新帝登基的准备工作正在紧锣密鼓地进行。李善长领头率文武百官奉表劝进朱元璋为帝，元璋开始不应，后经过三次劝进，终于发话了，说中原未平，战争仍在继续，我的原意是等全国基本统一，然后才能谈称帝之事。而现在你们既然屡请不已，这等大事不能潦草行事，应当按着礼仪办理。

洪武元年（1368）正月初四日，朱元璋即皇帝位。原来从10天前连日雨雪交加，至正月初一，忽然云开雪停，再过三天，阴云尽扫，阳光灿烂。届时按既定仪式朱元璋身穿华丽的衮服，头戴冠冕，祀天地于南郊，即皇帝位，定有天下之号为大明，建元洪武。典礼上发布一通祝词，内容与以前同类活动的无大区别。礼成，丞相率百官北面行礼，山呼万岁。礼毕，朱元璋率世子及诸子奉神主至太庙，追尊四代祖考妣为皇帝皇后。然后退回到奉先殿。按着规定的礼仪程序进行，由中书省左相国、宣国公李善长等率文武百官上表庆贺，表文颂扬朱元璋的辉煌政绩，无量的功德，当今为皇帝实属人心所向，定开太平于万世。朝贺完毕，朱元璋命李善长奉表册立马氏为皇后，立世子朱标为皇太子，以李善长、徐达为左、右丞相；所有功臣宿将都加官进爵，皇族不论活着的还是死去的全都封王。对外戚追封，包括皇外祖，皇后之父母等封王。初五，以称帝建国诏告天下。

二月，朱元璋又派使臣前往曲阜祭祀，确定以孔孟之道作为治国的指导思想。宣布"朕今为天下主，期在明教化以行先圣之道"。

朱元璋登基称帝的意义，明朝著名史学家谈迁有过评论，他说，历史上的汉唐大帝国都比较容易地兴起了，创建时间不长，遇到的劲敌不多。与汉高祖匹敌的只有一个项羽，余皆不足挂齿；隋末兵争，群雄并起。朱元璋仅是一布衣百姓，无所依仗，经营天下，陈友谅如同项羽，张士诚好像窦建德，方国珍（谷珍）、陈友定类似肖铣、刘黑闼，等于把汉、唐所有的劲敌合在一起，一个一个地和他们较量。经过17年的奋战，终于获得今日：荣登大宝，黄袍加身。而推翻元朝，攻下大都还在这年的秋天。最后，画龙点睛指出："创业之艰，百倍前代，宣惓惓致戒于慎守也"。谈氏无比敬佩朱元璋艰苦奋斗创建大明国，又非常惋惜一代大明没有守住而被清朝灭亡了。

2. 实现统一

（1）归降浙东、福建

朱元璋登基即位之时，虽然南北两京及中原广大地区尽为其统治，但是从东南沿海到西南边疆，从西北山陬到东北遐荒，还没有被统一。而且这些地区继续保持元朝的势力，实现进一步的统一，不仅是版图的扩大，也是巩固大明统治的需要。

朱元璋采取的方略是：先依次平定东南沿海地区，再两广，随后西灭夏王朝，克川陕，继续北征，清除元朝的残余势力。

吴元年（至正二十七年）十月，朱元璋遣将攻讨浙东的另一支起义势力方国珍。方国珍是较早起义的一支农民海上势力，在浙东沿海称雄了二十余年，拥有水军千艘，占据庆元（宁波）、温州、台州等最富庶的地区；四处抢掠，交战官兵对元廷时降时反；受招安，连自己的弟兄子侄都做起了元朝的地方官，并连连晋升。当朱元璋势力逼进时，深知力不敌朱，就极尽拉拢、贿赂的手段，送金银财宝，许诺献土地等等。当朱元璋占领杭州后，他又联络陈友定、元军王保保来抵挡。但这时方国珍的队伍已不堪一击。朱元璋派汤和、吴祯为正副统帅，分路连克台州、温州、绍兴、余姚、上虞，直指庆元。方国珍未作任何抵抗，也没破坏城池，弃城而率部远走海上，并写好表达恭敬且有感染力的降表，让其子方明送到应天，向朱元璋谢罪。当方国珍被捉拿送往应天，朱元璋见后，显示了王者的宽宏大度及天下无敌的气魄，赦免了他所有的罪过，待他不薄，称帝后在应天赐给府邸，授广西行省左丞官衔，食禄而不任官。

同时，又派胡廷美为征南将军，何文辉为副将，从江西攻福建。命汤和、廖永忠率水师由海路攻取福州；李文忠由浦城取建宁，另外遣使至延平（南平），投降陈友定。当时福建是陈友定的地盘，这个福建福清人，本是穷家子，后入赘富人家。做过跑码头的商贩，因生意不好，只得去衙门当公差。在征讨山民的起义中立了功，官越做越大，还占领了福建诸多地方，专横跋扈，而对元朝极为顺从。至正二十八年，汤、廖以水陆两军合击，用十天攻下延平。从出师到平定福建，仅用了四个多月的时间。陈友定被送往应天，据说朱元璋为给被陈杀死的使者报仇，动用了铜马之酷刑，与其子一起被处死。

（2）统一两广

吴元年（1367年）十月，朱元璋命湖广行省平章杨璟、左丞周德兴等人率武昌等卫兵由湖广取广西。不久，又命征南将军廖永忠等，由海道取广东，重点放在取广州，翌年四月克下。不久，元广东行省左丞何真降，基本上广东不战而下。平定广东，为时八个月。五月，廖永忠与朱亮祖等率兵抵广西梧州，后又降元守将，占领贵州。六月，攻下南宁，元海南海北诸道纷纷投降。不久，广西地区全平，并单独立行省。

（3）灭夏王朝

早在至正十五年（1355），农民起义军明玉珍占据成都，至正二十一年又自称陇蜀王，第二年称帝，国号大夏，改元天统。曾派军攻云南，元梁王败走。36岁的明玉珍逝世，由其子10岁的明昇嗣位。部下矛盾，互相残杀，力量削弱。当年明昇遣使至元璋处，诿其国险，元璋乘机派人携画工去蜀，绘其山川险易之图，实为伐蜀提供了路线资料。洪武四年正月，由汤和、廖永忠以水师攻入重庆；另有将军傅有德等以步骑取成都，大举伐夏。明军一到，夏将连败，溃不成军。后来依照明昇母之意，向明乞降，明昇被绑，昇衔碧玉与其母及官属降于军门。按朱元璋之意妥善安排，随后夏将军以成都降于傅有德，明昇去京城，被授归义侯，以褒其大义降明，保全成都立功。

至此，明军统一了长江以南的广大地区，囊括了全闽，南至两广，北达鲁南，西至四川，东临大海。

(4) 平定山、陕、甘肃

洪武元年（1368，至正二十八年）八月十五日，大将军徐达、右副将军常遇春与冯胜、汤和、杨璟等统帅大军分路攻山西。扩廓帖木儿（王保保）迎战，徐达以之降将做内应，乘夜攻城，里应外合，元军打乱，自相残杀。为时不足五个月攻下太原，帐中扩廓仓卒出逃，连靴子都没来得及穿，仅有18骑相从逃奔。二年常遇春、徐达等明军先克大同，经大同走甘肃，山西一举而平定。冯胜逼临洮，李思齐无路可走后投降，明军又分兵克兰州。洪武二年三月，明军横渡黄河，徐达大军入陕西克西安，经两个月激战攻下庆阳，陕西平定。到此时自河洲（兰州府）以西地区全部归附明朝。明在西北实现了较大范围的统一。

(5) 继续北征

洪武元年，元顺帝北走居开平，即上都（今内蒙多伦县）。第二年，常遇春奉命与李文忠北征，取开平，元顺帝逃往应昌，并于四月二十八日死于此，年51岁，在位36年，由太子昭宗爱猷识理达腊嗣位。奉命追逐元顺帝的常遇春，于七月初七死于甘肃柳河川，年仅40岁，追封为开平王。可惜啊！

蓟北悉平，但是王保保、纳哈出与元势力东西呼应，扰乱北边。洪武三年，朱元璋决心乘西北获胜之机，命徐达为征虏大将军，李文忠、邓愈为左副将军，冯胜、汤和为右副将军，往征沙漠。当时以王保保为先攻目标，分兵二道：一道徐达自潼关出西安，捉拿王保保；一道李文忠等出居庸关，入沙漠以追元主，使其彼此自顾不暇。四月，达军在安定外沈儿峪口与王保保大战一场，擒元郯王、文济王及国公闾思孝等官1865人，将校士卒84500余人，马、骆驼等牲畜数万匹。王保保仅与其妻子数人逃走，奔和林。元嗣主爱猷识理达腊又再次任用。五月，左副将军李文忠及左丞赵庸等出野狐岭，一路斩将略地，几经力战，终于攻克应昌（今内蒙昭达里诺尔西南）。爱猷识理达腊携数十骑逃走。李文忠追之不及而还，沿路收降民4万余人。捷报传至京师，朱元璋命礼部榜示，并给元朝的末代皇帝加谥号为顺帝。李文忠派人送其孙至京，朱元璋对所俘其母及诸妃皆以礼赏赐汉族服装、第宅等。封元皇孙买的里八剌为崇礼侯。这些举措对蒙古余部及新疆、西藏等地的少数民族部落都产生了良好的影响，后来纷纷归服明朝。洪武五年，命徐达为征虏大将军，出中路，李文忠为左副将军，出东路，冯胜为右副将军，出西路，三路并进，再清沙漠。中路由雁门趋和林，东路由居庸出应昌，西路由金兰趋甘肃。三月，徐达抵山西，蓝玉为前锋，于野马川、土剌河连续击败王保保。但是明军由于轻敌，死者亦逾万人。李文忠一军在茫

茫沙海展开追击，至土剌河、复进至阿鲁浑河、骋海，历殊死战
而返。

洪武十三年，蒙古又侵犯边界，朱元璋命西平侯沐英讨伐。
第二年又侵犯，命徐达讨伐。于此反复，但终未能解除边患。直
到朱元璋晚年还说要肃清漠北者。

元亡以后，坚持时间久而不归明的元朝残余势力有二，一是
云南的元梁王把匝剌瓦尔密；一是东北的纳哈出。朱元璋为实现
统一，即位后六年（1373）派王祎出使云南，诏告梁王降，恰巧
遇上元太子自立，遣脱脱使云南，从中挑拨，祎被囚杀。从此梁
王不断与北元来往，拒绝归明。洪武十四年（1381），朱元璋命傅
友德为征南将军，蓝玉、沐英为副将军，发兵征云南，长驱入滇，
"出奇制胜"。梁王闻讯，以精兵 10 万屯曲靖抵御，被一举突破，
明兵平曲靖，进趋云南，梁王知己处官途末日，与妻子一起赴滇
池投水死；前锋蓝玉整衣入城。自出师，没出百日，拿下云南。
第二年，蓝玉、沐英又率军攻取大理，云南方平息。

纳哈出是元开国勋臣木华黎之后，元末农民起义时，为太平
路万户所俘，释放归元。元顺帝北走后，他聚兵盘踞金山（辽宁
省康平），养精蓄锐，畜牧繁盛，屡次侵犯辽东。朱元璋多次写信
劝降无效，其与元顺帝的中路军，王保保的西路军互相呼应，形
成钳制明军的军事形势。除此之外，在辽阳、沈阳、开原一带都
有元军屯兵。洪武四年，元辽阳守将刘益来降，建辽东都指挥使
司，统领辽东军事。接着，沈阳、开原平定。洪武二十年
（1387），冯胜、傅友德、蓝玉诸将受命北攻纳哈出。大军出长城
向东从北包围金山，切断纳哈出与元军的联系。纳哈出孤军无援，
最终投降。至此，辽东地区故元势力全部清除。于是，在北自大

宁（河北平泉），东与辽阳，西与大同相连接，形成北部边防前线的三大要塞。从辽河向西几千里地界几乎都设卫置所，屯驻军马，形成一道防卫线，巩固了明朝的边防，获得了几十年的安定。对于解决东北地区的女真族问题，朱元璋一方面从军事上封韩王于开原，宁王于大宁，封辽王于广宁，建立三个军事中心，防止元军和女真族武装侵袭；另一方面，在政治上采取羁縻政策，遣使招抚，设立卫所，与其互市，满足其经济物质上的欲望。这样一来，向内地进攻的要求就大大减弱了。

辽东平定后，朱元璋实现了全国的基本统一，对加强内地与边疆的联系，促进社会经济的发展和各民族的团结都有积极意义。

3. 定都金陵

封建帝王在确立自己的地位之后，定都和维持皇朝子孙的世代统治，即分封，就是两件重要的大事了。

关于定都，是与国防计划、地方沟通和经济形势都有密切关系。就在朱元璋起兵不久，先有冯国用劝他取金陵。因认为此地是龙盘虎踞、帝王之都，宜于定鼎。后下太平后，陶安也认为金陵有长江天险，可为国都。所以，朱元璋攻取金陵后，立即改集庆为应天府，有顺应天意之寓意。自至正十六年到洪武元年的十二年以来，应天府一直就是朱元璋的大本营，在此发号司令。

大明建国后，大都、西安、洛阳、汴梁均克下，似乎显得应天这个地方偏于南方，不居于全国的中心。曾有人建议，汴梁是北宋的国都，有意迁此。于是朱元璋亲自去考察，结果今非昔比，决非宋人孟元老描述的那样，虽地理位置居中，但军事上无天险可守，而今城垣残破，市井萧条，人口稀疏，失望而归。同时又有人建议以西安为都，因为曾有十二个朝代在此建都，即稳且固，又是古都；又有人建议，以洛阳为都，认为这里是全国的中心之地，四通八达，漕运方便；更有人建议，迁北平去，有完整的宫殿；朱元璋本人又想到他的故乡临濠，并开始大兴土木。因为此地除了靠近淮河，其他条件概不具备。从洪武二年动工，一直修造到八年，遭致很多人反对，尤其是刘基最为强烈。

朱元璋认为人们的这些意见都有片面的理由，都不全面，不能适应当前局势。权衡一下，南京的优点最为明显：据长江下游，西接鄂湘，东连吴会，为长江三角洲大谷仓的集中地；又有"财富出于东南，金陵为其会"的说法；更有"鱼盐之利，丝织之盛，莫不以金陵首屈一指"之说。而且朱元璋称吴王以后，此地已建有宫室。尤为重要的是，与朱元璋一起打天下的功臣将士，绝大多数来自濠州、泗州、怀远、定远、滁州一带，距老家近。于是洪武十一年，大明王朝正式定都于此，下令改南京为京师，开封（汴梁）为北京，临濠为中京。

决心已定，但为了防御北元，控扼北方边防，朱元璋还有选都在长安或洛阳的意向。洪武二十四年八月，派皇太子巡视西北，比较两地的形势。太子归来后，献陕西地图，提出意见。不料第二年太子病死，迁都的事只好搁下不谈了。又因京师新宫地势问题，使朱元璋更不愿谈此事了。据说京师新宫的正殿基址选好后，朱元璋嫌前方地势不够开阔，便将桩柱向后稍作移动，并问刘基行吗？刘基无可奈何地说道：也行，只是不免要迁都。还有一事，城墙修后，刘基陪元璋巡视，元璋见工程很坚固，高兴的说道，这墙谁能越过？刘基随口答道：除非燕子飞过。这显然是对以后发生靖难之役的一种附会。但可见皇宫选址的重要。

4. 分封王臣

朱元璋仿效汉高祖刘邦，把他创建的大明王朝看作是朱家所有，从而像其个人财产一样封给他的家族亲戚和有功之臣。

诸子封王对朱氏大明王朝来说是至关重要的。朱元璋即位之初，诸子尚幼，但为了树立他自己的权威，也为了将来儿孙着想，仍急于进行加封。对诸子封王，程序严格，礼仪复杂，时间拖得很长，自洪武二年开始，一直到洪武二十五年。

为了给首次分封诸子做准备，洪武二年四月，命编《祖训录》，定下"封建诸王国邑及官属之制"，王子分封属国，一切严格依此办理。洪武三年四月，始封第二子到第十子为亲王，加上侄孙朱守谦为靖江王，共封十王。王有王国，王国都有自己的王都、宫阙，其规模仅次于皇帝。分封如下：

次子	朱樉	秦王	都西安
三子	朱棡	晋王	都太原
四子	朱棣	燕王	都北平
五子	朱橚	周王	都汴梁
六子	朱桢	楚王	都武昌
七子	朱榑	齐王	都青州
八子	朱梓	潭王	都长沙
九子	朱杞	赵王	早逝仅有封号
十子	朱檀	鲁王	都兖州

明朝开国十余年，其统治是逐渐巩固了，但是来自边境与内地的动乱威胁有所激化的趋势；加之即位以来开国勋臣或以老终，或以罪废，所剩无几，这就促使朱元璋坚持继续分封诸子为王。

从洪武十一年始，继封的有：

十一子	朱椿	蜀王	都成都
十二子	朱柏	湘王	都荆州（湖北江陵）
十三子	朱桂	豫王	都大同
十四子	朱楧	汉王	都兰州（平凉）
十五子	朱植	卫王	都广宁（辽宁北镇）
十六子	朱㮵	庆王	都宁夏（银川）
十七子	朱权	宁王	都大宁（河北平泉）
十八子	朱楩	岷王	都云南（昆明棕亭）
十九子	朱橞	谷王	都宣府（宣化市）
二十子	朱松	韩王	都开原（辽宁开原县）

二十一子　朱模　　沈王　　都潞州（山西长治），从未就藩。以下就藩时间已在永乐六年（1408）：

二十二子	朱楹	安王	平凉（甘肃平凉县）
二十三子	朱桱	唐王	都南阳（河南南阳县）
二十四子	朱栋	郢王	都安陆（湖北安陆县）
二十五子	朱㰘	伊王	都洛阳（河南洛阳）

朱元璋共有26个儿子，除长子朱标封为皇太子、小儿子朱楠夭折外，均得封王。分封诸子为王，视为一种特权。让他们位在皇帝、皇太子之下，享有很高的地位，公侯等内外大臣须以尊长对待。诸王有统兵和指挥之权，王府设亲王护卫指挥使司。诸王有护卫甲士少者三千，多至一万数千。

诸王以在国界上的权力为大，称为塞王。手中掌握兵符，负有边防司令官的责任。如坐镇北方的燕王朱棣、秦王樉、晋王棡、宁王权、辽王植、韩王松、豫王桂、谷王橞以及庆王㮵等，他们是长城线上的要塞司令。从山海关到嘉峪关连成一起，以防蒙古南侵。这些塞王直接统领的将士，最多的如宁王有8万，革车6千辆。平时护卫军监视地方守军，中央政府的大将军也要听塞王的，他是皇帝在地方的军权代表。尤其是秦、晋、燕三王的护卫，特别经朝廷批准补充，兵力最强。按《祖训》规定，战时亲王可指挥两军，独当一面。边境的军务由亲王掌决，朱元璋可以完全放心了。

此外，内地各重要城镇也都以皇子亲王出镇，每一个王国都是军事中心。这样，全国岂不是都由重兵把守，固若金汤！依朱元璋原来的估计，国都虽在东南，也不会出什么大问题，如此安排视为很妥当。但是，万万没想到，亲王军权过重，会造成皇家内部矛盾，并未避免汉、晋的覆辙，明朝的第三个皇帝朱棣就是朱元璋所封的燕王，通过"靖难之役"，以血腥手段登上了天子的宝座。

关于封王的权限，还应说明一下，史载明朝诸藩"分封而不赐土，列爵而不临民，食禄而不治事"。诸王分封后，地位虽高且贵，但却没有实质性的实惠，没有土地，无权干预民政，不能统治当地人民，王府以外归朝廷任命的各级行政官员治理。但随着时间的延长，军事力量则成为当权者的支柱，朱棣就是如此！

接着是分封功臣。朱元璋非常相信古代思想家韩非子说的关于人主操持赏罚"二柄"作为武器来管制属下之臣的理论。韩非子说的"二柄"，就是刑和德。进一步解释就是"杀戮之谓刑，庆赏之谓德"。在他看来，做大臣的都害怕杀戮、惩罚，而喜欢获取奖赏。

因此，朱元璋运用这一理论，在明朝初年大封功臣，比唐、宋有过之而无不及。朱元璋先后有三次大封功臣，他即位后的第一次大封功臣是在洪武三年（1370）十一月。原来计划在诸王之前，但为了尊卑名分的关系，让封王先行了一步。这次大封功臣很隆重，筹备工作经过了两年的时间，命大都督府、兵部记录诸将功绩，吏部定勋爵，户部备赏物，礼部定礼仪，翰林院撰制诰。此次颁爵行赏涉及的有各类文武官员及士卒。

封公者6人：李善长，太师韩国公，禄4000石。徐达，魏国公，禄5000石。故常遇春子茂，郑国公，禄2000石。浙江行省平章李文忠，左都督曹国公，禄3000石。右都督兼太子詹事冯胜，宋国公；御史大夫兼太子谕德邓愈，卫国公，俱禄3000石。禄从5千石到2千石，另赐丝绸上百匹。以上俱令子孙世袭。

封侯者28人：有名望的如汤和，中山侯。俱令子孙世袭，俸禄1500石到600石，另赐有艳丽的丝织品数十匹不等。并赐诰命铁券。

同时，此次大封功臣中，朱元璋为表示公正无私，还点名批评指责了一些人。如御史大夫汤和，虽是自己的同乡，结发相从，屡建功劳，然而"嗜酒妄杀，不由法度"；赵庸从平章李文忠取应昌，其功不细，却"私其奴婢，废坏国法"；廖永忠于鄱阳湖大战，奋勇忘躯，与敌舟相拒，亲见之可谓奇男子，然而"使所善儒生窥朕意，向以微封爵"，就是说，他让儒学学生窥视皇帝的诣意，为他求取封爵之事；都督金事郭子兴"不奉主将之命，不守纪律，虽有功劳，未足掩过"。朱元璋宣布"此四人止封为侯"，也就是说只能封侯，不能高升。

同一年，朱元璋还封了行省右丞薛显为永城侯。此人为徐达副手攻取中原，"勇略冠军"，但征山、陕回师之际，擅杀胥吏、兽医、火者马军及千户吴富，因其功大，未予追究。封侯时，朱元璋当面历数其罪，封了，不予铁券；并令谪居海南，还把他的俸禄一分为三：一以赡养所杀吴富之家，一给所杀马军之家，三以养其老母妻子。第二年，又以"有功于前人"，封故大都督府同知汪兴祖为东胜侯。

在朱元璋所封功臣中，绝大多数都是以战胜攻取而立下赫赫勋劳的武将。文臣仅有的是李善长，朱元璋确实赞扬他说："左丞相李善长，虽无汗马之劳，然事朕最久，供给军食未尝缺乏。还有中书右丞汪广洋被封忠勤伯，禄360石，御史中丞兼弘文馆学士刘基被封诚意伯，禄240石。这二人都是在朱元璋创业中的重要谋士。

其实，这时的朱元璋已不完全在酬劳功臣宿将，而注意力已转到他们对大明统治是否忠诚了。就是这一年，封了功臣后的一天，朱元璋罢朝，坐在东阁，召诸武臣，对他们说：过去在战争年代能领兵打败敌人者，称为功臣，现在无战事，应是帮助皇帝治国，谦恭不骄傲，能和古之贤将齐名，才是保全功名的人。

明朝建国后，朱元璋第二次大封功臣是沐英所统西征大军回师之后，时在洪武十二年十一月，被封者12人，皆为侯。

洪武十七年四月，在原有封功的基础上，又封赏了一些有功之臣：论平云南功，进颍川侯傅友德颍国公，世袭。永昌侯蓝玉、安庆侯仇成、定远侯王弼并"爵及子孙"，禄2500石，赐铁券。这和以前的大封功臣差别在于，他们中个别的人是老将立新功，绝大多数是洪武建国后陆续起用的新人，反映了朱元璋的统治已步入了新的时期。

七、强化中央集权

1. 改革地方官制

明帝国建立之前，朱元璋已设立了一些官职，任命了不少人为文武将吏。但是有些沿用了元朝的模式和名称。当了皇帝之后，朱元璋在原来的基础上继续充实和完善了官僚统治，而且有意识地消除元朝的影响。

朱元璋即帝位之初，在朝廷官职的设置上基本上沿袭了元朝的模式和名称，设中书省，建立以宰相为首的官僚体制；定六部官制、三大府（中书省、都督府、御史台）为政权中枢，其外配有辅助职官。在地方设置行中书省，是中书省的派出机构，统领地方军政、民政、财政等事务。可见行省的职权很大。监察机关是御史台，地方上叫行御史台，又称行台；都督府掌握军队，下设都指挥使司，简称都司。

朱元璋坐上皇帝宝座越久，深感要确立明王朝的新体制，其核心要害是要强化皇权，巩固朱家的统治地位。现行的官制设置，最大弊病是权力分散，皇帝手下臣子权力过大，其中丞相权力又最大，形成相对威胁皇权，产生皇权旁落的局面，这让朱元璋最为担心，也是在地位世袭的封建社会里常有的现象。为避免此悲剧的发生，朱元璋决心要改变这一体制。再有，明初新政权逐渐暴露出潜在的矛盾，即新兴的地主集团势力，昔日跟随朱氏打天下的宿将功臣们，权力迅速膨胀，乃至有谋反叛变的迹象。要保住朱家天下，以及子孙永坐江山，必须建立高度集权的中央政权机构；同时，面对大明皇朝版图的扩大，对外能发挥保卫国土的职能，也必须建立一套权力集中的强有力的政府。这就要对政体进行大规模的变革。从何入手？

朱元璋意识到行省职权过大，任何事情无论大小都能自行做主，皇帝不得过问；造成地方跋扈分权，枝强干弱，割据分裂状态等不可宽恕的现象。就朱元璋自己也有亲身体会——他本人就是从落魄的宋政权的行中书丞相起家的。当时他做什么事从没有小明王的批示，他所在的江南行中书省，实际上就是独立王国。他以自己的经历意识到地方权重的弊病。

朱元璋认为，要加强中央的权力，首先必须从变革地方政权、削弱地方势力开始，只有削弱地方权力，才能架空中书省。直到洪武九年（1376），他决定把大权都集中到朝廷。下令改行中书省为承宣布政使司，废除行中书省平章政事、左右丞等官，新设左右布政使各一人，正二品，主管民政和财政，改名称为“承宣布政使司”，也就是告诉地方，该机构是承奉皇帝的意旨而定，是朝廷分出的机关，布政使是皇帝派出的驻地方的使臣，即相当于现在的省长。全国除南京为直辖区外，另有12个布政使司：浙江、江西、福建、北平、广西、广东、四川、山东、河南、陕西、湖广、山西，后来又增设了云南布政使司。同时，在地方上保留了原置的提刑按察司及按察使之官，职位略低于布政使，加上都指挥使司，合称为"三司"。布政使司辖下设府、县二级地方政权，取消了元朝的路设，府、县皆以纳粮多少分为上中下三等；府的长官为知府，县的长官为知县，府、县之间有州，长官为知州，州分二等，属州同县，直隶州同府。三司互不同属，互相牵制，遇有重大政事由三司会议解决，但须报请朝廷部院批准。从此地方的财政、民事、刑狱等权力都直接归朝廷掌控。

朱元璋在地方官制改革上，解决了三个问题：一是从名义上改变了元朝地方官制的影响；二是在职权和地位上降低了地方最高级的行政长官，三司的地位平等，有效地实现和达到了权力平衡；三是缩小了中书行省的权力。最后，把元朝的路、府、州县制，减少了路一级的建制，这样，中央政令的下达或反馈的路径会更便捷。

总之，地方官僚体制的这一改革，为朱元璋收回相权奠定了基础。使地方事事必须秉承朝廷的意旨，原先是中央（皇权）分权于地方，而现在则是地方集权于中央，从性质上起了根本的变化。洪武九年九月，朱元璋下令"汰中书省平章、参知、政事"等官职，这是进一步架空中书省；十年，又设通政使司，职责是传送汇呈内外官吏的奏章，这又是架空中书省的一步骤；洪武十一年，诏令六部所属各司：奏事勿须通过中书省。其结果是割断了中书省与六部的联系，中书省实际上成了一个空架子。以上这些举措，可看成是废相大改革的前奏。

2. 废除中书省　提升六部

明朝廷中央统治机构的改革，是自秦汉以来中国官制史上一次重大的改革，时间稍晚于地方。严格说这是一次政治危机的爆发，是皇权和相权矛盾日益尖锐，达到不可调和的结果。具体来讲就是洪武十三年（1380）年正月，朱元璋借胡惟庸之案着手进行了震惊历史的重大变革。

胡惟庸是安徽凤阳定远人，早年投靠朱元璋（攻占和州时归服）。从元帅府的奏差小吏做起，历任主薄、知县、按察佥事，一路上升。朱元璋见其有些才干很受宠信，洪武六年拜右丞相，当初胡还是处事谨慎，可是宠遇日盛，逐渐成为一人之下万人之上的丞相。大权在握，专恣自肆，凡生杀黜陟，竟不奏径行，连皇帝也不放在眼里。内外诸司上封事，必先取阅，与己不利者藏匿不奏。而四方急于当官之徒，尽其所能馈赠，无计其数。对于当政之相，结党营私侵害皇权的行径，激怒了朱元璋，最终以"谋危社稷"的罪名赐死胡惟庸，由此引发了一次官制的大改革。之后，朱元璋立即撤销了依旧而设的中书省，不再设丞相，皇帝收揽了一切大权，彻底清除相对皇权的威胁。于是在中国历史上自秦汉以来延续了一千余年的丞相制度至此被废弃了，这在明初是一件大事！其实质是：代表新贵的相权与皇权之争。

朱元璋从根本上改变了元朝以来的中书省、行中书省制度。废除中书省，不设丞相。同时形成法律：规定以后子子孙孙都不设此官。废除了丞相辅佐皇帝的政体。谁来办事呢？于是提升六部职权，即把原来中书省下面的六个部，即吏、户、礼、兵、刑、工的地位提高，权力加大，管理全国的事情。

六部各设尚书一人，由原来的正三品升为正二品；左右侍郎各一人，由正四品升为正三品；下置各司设郎中一人，员外郎一人。尚书一职权力较重，掌握全国百官、山泽之政令。

吏部：设尚书一人主持部务。职责是：执掌全国官吏任免、升降、惩处，考绩以及甄选人才等。

户部：执掌全国户口、田赋及各省钱粮、税课、俸禄、粮饷之责。兼领所分两京、直隶贡赋，人力争调等之责。

礼部：执掌全国典礼、祭祀、僧道、宴飨、教育、贡举以及外交上的接待、给赐之责。

兵部：执掌武卫、官军任免，简练、镇戎、征讨及卤薄、仗仪、禁卫之责。

刑部：执掌法律、法庭、关禁等政令之责。

工部：执掌全国山川水利、交通、陶冶、织造、工程造作（包括武器、货币、土木营建）、屯田等政令之责。

通过这个改革，六部为分理众事的机构，直接对皇帝负责，仅有行政执行权，决策权全部归皇帝。这样，皇帝自己纵揽了过去宰相的一切，形成皇权和相权合一，从而进一步加强了专制主义的中央集权。从地方到中央，这种把一切权力都揽在皇帝一个人手中的高度集中的状况，是前所未有的。从秦始皇开始的封建专制主义经历了一千几百年的演变，到了朱元璋的时候，形成了一个高度中央集权制的政治系统。朱氏本人成为历史上权力最大的君主。

这种高度集权产生了一个新问题，就是皇帝一个人什么都要管，什么报告奏章公文都要看，皇帝实在招架不了了，于是就采取招秘书的办法，帮他办事。在五、六品官员中寻找一些既有办事能力、又有文才的人到内阁做机要秘书，并给了一个大学士的称号，叫殿阁大学士。洪武十五年（1382），朝廷又设置了华盖殿、文华殿、武英殿、文渊阁、东阁等殿阁大学士。因为他们在内廷办事，侍奉天子于殿阁，人们就称其为内阁。内阁之制是明朝的新制，它是朱元璋废相后出现的一种变态体制，它既不是宰相制的翻版，又不是毫无作为的傀儡。到后来这办法成为制度化了，内阁也就成为政府机构了，入阁也就是拜相。内阁大学士中的第一名称为首辅，就是第一个辅助皇帝的人，尽管他有宰相之实，但绝无宰相之名，原因就是明初朱元璋定下了这一制度，无人再敢更改。

3. 监察机关

监察机关是国家政权的三大支柱之一，朱元璋认为朝廷纪纲尽系于此。洪武十五年，把元朝的御史台改为都察院，长官为左右都御史，左右副都御史，左右佥都御史，下有160人的监察御史。其职责上至纠察百司，辨明冤枉，提督各道，为天子耳目，下到小人构党作恶；从"学术不正"到变乱祖宗制度等等。监察御史品级虽只是七品，但很有权力，皇帝利用他们来钳制大官，以内治外，充当皇帝的耳目，在朝可监察一切官僚机构，出外可代替皇帝巡查地方，遇有小事可立刻断案，大事可奏裁，是朝廷最有权威的差使。

除都察院外，朱元璋还创立了与中央六部对应的，拥有独立监察权的六科给事中，即：吏、户、礼、兵、刑、工等六科，其职责无所不包，朝廷中的大事给事中皆能参与。此职的创置，对于职权空前大为提高的六部，起着钳制作用，同时也分解了都察院的监察权。两者之间，亦可互相纠劾。

作为中央的司法机关，刑部掌审判，大理寺专管复核，死刑案必须奏请皇帝批准。但审判和复核均须接受都察院的监督。为保证大案要案审理无差错，明朝还建立了三法司的联合审判制度——即刑部、大理寺、都察院的联合审理，俗称"三堂会审"。

地方的司法机构，仍与行政机关结合在一起，由知府、知县等地方长官掌握本地司法审理。省级则专设提刑按察使司来处理案件，重案就必须报送中央刑部审理。最高的司法权仍属皇帝。

4. 军制改革

对军事机构的改革与调整，是加强中央集权体制的一项重要组成部分。在征战时期，大都督府是最高军事机构，朱元璋曾任用自己的侄子朱文正为大都督，是全国最高级别的军事长官。朱元璋登基后觉得大都督府的权力太大，在废除中书省的同时，采取分权制衡的办法，把大都督府分成中、左、右、前、后等五军都督府。其长官为左右都督，分别管理京师及各地的卫所和都指挥使司。此项改革在于化整为零，分散了中央军事机关的权力，使军队的权力归皇帝直接掌握。为使五军都督府和兵部能互相牵制，朱元璋规定，五军都督府对军队无调遣权，只负责各都司卫所军队的管理和训练，军队的调遣属于兵部。遇有战事，由皇帝亲自派带兵将领，战事结束后，将帅回朝复命，军队返回卫所。这样的好处是使将不专兵，兵不专将，以避免将帅拥兵自立，威胁朝廷。

卫所制是明代独有的军事制度，这也是朱元璋和刘基共同创立的。具体的军队管制，即常备军分成两级——卫、所。大体上是5600人为一卫，长官是指挥使。卫又分5个千户所，1120人为一千户所，长官称千户，千户所下分有10个百户所，每百户所有120人，长官称百户。所辖总旗二，小旗十，一个总旗领五个小旗，小旗有军士10人。卫所是陆续建立起来的，到洪武二十五年

（1392），全国有 17 个都指挥使司，分别隶属五军都督府。京师和外地共有 329 个卫，65 个（守御）千户所，卫所军总数有 120 万人。在明代，军人有特殊的社会身份，是户籍中的军户（籍），受管于都督府。卫即是卫指挥使司，所即是千户所、百户所。明代的卫所大都分布在边地和各省内，卫和所都有固定军士人数，其下面还有总旗和小旗，军士数也有固定。这样自上而下形成了五军都督府——都司——卫——千户所——百户所——总旗——小旗等军事编制体系。朱元璋及其王朝后代，借此制度，使军队兵源得到了充分保障。

国家的行政、军事、监察三个机关分别独立，又单独对皇帝负责；各系统职责分明，法令详密，这样的官僚机构更加完备，效率也提高了；皇帝的独尊地位由此也大为提高，国家政权在统一的基础上更为牢固了。因此，朱元璋的一系列改革，是一个历史性进步。重要的是统治全国的官僚机构，更具有权威、更加集中且完备，是史无前例的。因此，这种制度一直施行了明清两个朝代。

5. 抑制宦官

在中国封建社会的宫廷里，一直设有宦官，并形成了一套制度，成为整个国家官制的一个组成部分。设置宦官的目的是在皇帝身边为其起居饮食服务，实际上又往往参与一定的政事，严重的闹成了宦官专权之祸。秦末、汉末及唐末都曾有过这样的祸乱。

洪武三年（1369）加强并完善了宦官的设置，显然增加和扩大了宦官机构。随着宦官人员的不断变化以及机构的不断完善，在限制宦官上，又有一些新举措。如洪武十年（1377）五月，有个内侍以为自己在内廷供事较久，"从容言及政事"，朱元璋当天就将其斥退，遣还乡里，命"终身不齿"。洪武十年定宦官禁令，限制宦官干预朝政，指出宦官之祸秧及国难。明确规定：宦官只能做宫廷仆役、洒扫、奔走传令，不可做心腹等，并立下数项规矩和体罚种类，如凡宦官不许读书识字，禁内臣兼外朝的文武职衔，禁穿外朝官员的服装，外朝各衙不许和内监官有公文往来等等。洪武十七年，在宫门内又置铸铁牌，醒目地写着"内臣不得干预政事，犯者斩。"看来在限制宦官的各种禁令中，不得干预政事是首要的，是最犯忌的。朱元璋也告谕群臣，宦官终日在君主周围，对君主的一切再熟悉不过了。狐假虎威干预政事，久之很难控制，必然引起祸端，因此，对宦官不可姑息。

明代宦官设置最盛和有代表性的组织机构就是十二监、四司、八局，也就是所说的二十四衙门。洪武年间没有这么齐全，但经过多次调整和补充，到洪武二十八年已重新定下来的，大致有了十一个内官监衙属，即神宫监、尚宝监、孝陵神宫监、尚膳监、尚衣监、司设监、内官监、司礼监、御马监、印绶监、直殿监等，皆设太监一人，左、右少监各一人，左、右监丞各一人，典簿一人。此外，还设置了一些司局库等官职。三十年，又增设了都知监及银作局。

八、振兴农工商业

1. 恢复农业生产

朱元璋登基以后，在政治上确立了绝对的统治地位，而经济基础却极为残破，也就是说在社会经济方面，却是一片凄凉景象。长江上下，关中冀北，到处都是背井离乡的流亡人口。本已被元王朝掠夺殆尽，又加上二十余年的战乱，原富庶的江南现已是满目沧桑。名闻天下的扬州城，现仅剩下 18 家居民；号称膏腴的天下腹心的中州，也因人力不足，久致荒芜；河北地区连年兵荒，荆棘丛生，道路榛塞，人烟断绝；山东、河南"多是无人之处"。朱元璋早就意识到，如果不设法改变这一现状，是绝不能保住江山的。登基大典刚刚落下帷幕，他就与刘基、章溢等谋臣商讨这一国家大事，寻找对策。刘基强调治乱维新，非动用法令不可！而朱元璋强调，丧乱后的人民，极渴望休养生息。为政者，必须给予实惠，这比强调法制更重要。章溢没有另外的建议，佩服朱元璋，称赞元璋看得透彻照之施行，所有的老百姓将有好日子过了。这个二对一的结果，充分显示出朱元璋在治国方略上比刘基更胜一筹；同时，也把朱元璋恢复经济的基本思想完全表现出来。

洪武元年三月，他借各地府、州、县官来京朝觐的机会，对他们说：天下初定，民众的财力、人力都很困乏，就像初次会飞的小鸟，不可拔掉它的羽毛；如同刚栽种的树苗，不可摇动它的根部一样，重要的是休养生息。

朱元璋虽生活在世界范围内的近代曙光已经来临之际，而思想深处却完全囿于中国传统的封建统治者一脉相承的观念之中。他有理想，这个理想就是以男耕女织的自然经济为基础，人民丰衣足食，安分守己。他发表过一篇《农桑学校诏》说的就是这样："农桑，衣食之本；学校，道理之源。"今后敢有无农桑、学校者，都要受处罚。他再三强调，休养生息政策的重点是农业，"农业是国家的根本，国家的费用全都依靠它"。洪武元年十二月二十五日，宋冕被任命为经济破坏较为严重的开封府知府，即将赴任时，朱元璋特别对他千叮咛万嘱咐说：今中原当务之急是"田野辟，户口增"，"安辑民人，劝课农桑，以求实效"。在朱元璋看来，当社会经济残破不堪的时候，对地方官提出多少条要求，最急迫的只有一条，即开垦土地，增加人口。做到了这一点，就算尽到了职责。

第一，"右贪抑富"解决一个辽阔广大、人口数千百万的大明国家所缺乏的物质基础，更重要的是采取各种有效措施，其中一项就是"右贫抑富"，意思就是保护贫民，限制富豪。明初的富人，既有旧时遗留下来的地主豪强，又有跟着朱元璋创建大明而形成的地主新贵。他们的贪得无厌，横行霸道，对当时社会经济的恢复与发展，都有各种妨碍作用。朱元璋出游，路见在田间冒暑劳作的人们，甚苦，对周围官员说：我们都是人，身处富贵而不知贫贱之艰难，要以为戒。因此他提出："惩元末豪强侮贫弱，立法多右贫抑富"。洪武元年二月，命中书省议论征调徭役之法，规定"验田出夫"，名为"均工夫"。规定每年一项田出一丁夫服役，农闲时服役 30 天，田不足数可凑，佃户充夫要补助一石米。直隶应天等 18 府州及江西饶州、九江、南康 3 府，总计田亩 357269 顷，以此田数出夫，遇有兴建工程等，利用农闲时派工用之。"验田出夫"，无地贫民可以免除徭役，这是"右贫"的一项措施。

地主豪强对贫弱的农民要做到"四毋一周"，即"毋凌弱，毋吞贪，毋虐小，毋欺老，孝敬父兄，和睦亲族，周给贫乏，逊顺乡里。"这在封建社会历代的帝王中确实绝无仅有，但还不能说朱元璋的统治阶级本性不存在了，然而可以肯定朱元璋在恢复社会残破经济上，决心对不顾国家利益的地主豪强有所限制。

第二，招辑流亡，开垦土地。当前最急迫的是开垦土地，增加人口。做到这点，当官的就算尽到职责了。这里既要解决有地无人耕种的问题，又要增加垦荒开田的数量。洪武三年（1370），朱元璋首先命各地郡守县令们"召诱流涉未入籍之民"、或因战乱失去土地流亡他乡的农民，官府发给牛具、种子，及时耕种。在北方郡县近城的地区，每人拨田 45 亩，荒地 2 亩，免税（租）三年；其次还命实行"计民授田"的政策。中原地区田多荒芜，在河南设了司务司，专管垦田之事宜，并以开垦田地多少作为奖惩官吏的依据。同年还曾下令，凡有能力开垦荒地的农民"不限顷亩"，皆免三年租税。这些被开垦的荒芜土地，有的是原来地主所有，因战乱逃亡，战后归来而与新主发生纠纷时，按照官府制定的法令，即被遗弃的田土，被他人开垦成熟地的，视为己业；官府可以把附近荒田补给原主，不得依前占户。还规定开垦荒者，一律免徭役三年。这一政策不能小视，它消除了农民开垦荒地的顾虑，保护了农民的积极性，使在元朝无地的农民成为小土地所有者；他们在新王朝相对稳定的环境里，得以休养生息，发展生产，自然成为明王朝依靠的社会基础力量。

济宁知府著名的循吏方克勤，切实执行了朱元璋的诏令，土地得到垦殖，户口增加了两倍。在济宁，家给人足，野无流殍，被人们称道。另外，据统计洪武四年一年之中，全国郡县垦田已达十万余顷（106622 顷 40 亩）。后来，陆续呈报的数目不断增加。可见，这些措施已奏效。

第三，移民屯种。为了使社会经济尽快恢复，荒芜土地及早开垦利用，朱元璋还采取了移民屯种的措施，也就是把地少人多"狭乡"的百姓，迁移到人少地多的"宽乡"去耕种，即屯田，这仅是屯田的一种。若细分另外还有军屯和商屯。屯田的土地是国家所有，耕种的军民为国家佃户，同样免三年赋税，如有多开垦的荒地，则享受"永不起科"的待遇。

洪武三年，苏、松、嘉、湖、杭等五郡有 4000 多户迁到临濠耕种，官府给耕牛、粮种、口粮，并有车船帮助前往。三年不征其税赋。洪武四年，徙去北平山后之民 35800 户，197027 口，隶于军籍者给粮，隶于民籍者给地以耕，内徙者 34560 户，185132 口。屯田北平，置屯 254，开地 1343 顷。这就说明当时广大地区有民屯，有军屯。六年，朱元璋同意燕山卫指挥朱杲领兵从山后宜兴、锦川等地搜获的元朝残兵败将，选其中少壮者隶各卫为军，使他们屯守，老弱者为民。当年黄河以北的宁夏、四川、西南等地区都实行了屯田。七年，在今辽宁地区的定辽诸卫所也开始实行屯田。八年，山西大同都司屯田 2649 顷，每年收粟、豆 99240

余石，中书省提出按陕西之例，减军士月粮三斗，朱元璋认为大同苦寒，士卒艰苦，应当优待，暂且勿减，来年丰收再说。洪武九年，迁移山西、真定（河北正定县）的农民去凤阳县屯田。二十一年，迁山西晋城、三路（长治）民於河北。后又多次迁徙浙西及山西流民到安徽滁州及北平、山东、河南等地屯田。二十二年，徙江南农民到淮南垦田。

洪武四年，还强制将江南豪民（地主）迁徙到凤阳屯田。移民中也包括犯罪的官吏，并派人监管；边境的军士，一面屯田，一面防守。每次移民都是由政府发给路费、农具。

洪武二十六年，全国垦田面积达 850 万顷，较北宋时的 524 万余顷，多出 320 余万顷。其中屯田占有很大的成份。屯田不是朱元璋的发明，也不能从根本上解决封建的生产关系，大体上屯田的土地是国家所有，从事屯田的军民实为国家的佃户，他们向国家交的赋税是租税合一的剩余劳动产品。但是因为一时免赋减税，屯田的人民还是得到了鼓励，增加了生产的积极性，有助于恢复与发展经济，还是有进步意义的。

第四，增加劳动力。有了解决增加耕地的良策，随之而来的是要解决有地无人的问题。这也是解决生产力的大事。一是，废除元朝的"奴婢、驱丁、佃奴"制度，把全国户口划分为"民户、军户、匠户"三种，把奴隶、农奴和工奴大部分变为自由民户。《大明律》规定：禁止一切形式的人身买卖，包括典催妻妾子女在内，奴婢也不许买卖，违者受重罚；一般不得私养奴婢，违者杖一百，奴婢赦免为民。洪武五年五月又下诏：过去因兵乱、民众流散而沦为奴隶的即日放还，身份成为平民百姓。此后又多次下令，由朝廷代为赎还因饥荒而卖身为奴的男女。洪武十九年八月，河南布政司上报，仅开封一地这种由政府赎身的男女奴隶，就有2704人。还规定庶民百姓之家，不许蓄养奴婢。以上种种措施使奴隶数目大为减少，相应地增加了社会劳动力。另外，元朝时期和明初时，绝大多数的农民和工匠实际上仍过着农奴式的生活，如今的政策，使这些底层农民获得了较多的人身自由，对经济发展是大有益处的。二是，朱元璋下诏大赦，宣布凡聚众山林、无户籍、靠打劫为生的各类人，只要回乡生产，一律不予追究。因此，使不少逃亡之户及个人回乡投入生产，既安定了社会，又发展了生产。三是，下令严格限制僧道的数量。洪武六年八月，根据统计全国有僧尼96328人，朱元璋认为人数过多，于是下令，全国府、州、县只允许有一个大观寺，僧道合并在一处；还有令：禁止40岁以下的女子为尼。十年后即洪武十六年，据礼部报告，全国现有僧尼20954人。但仍有不少为逃避苦役的人为僧尼、道士。朱元璋又多次下诏，在年龄上和学经上严格限制为僧的数量，20岁以下不得落发为僧，20岁以上经严格考试可以请度牒，在京师各寺试事三年，无劣迹者，方可为僧。效果不错，僧尼数量的减少，不仅减轻了朝廷和民间的负担，而且还增加了大量的劳动力。

在恢复生产的基础上，采取重农措施。朱元璋为了进一步促进社会经济的发展，他同意刘基的"生息之道在于宽仁"的主张，而宽仁必施以实惠，"宽仁必当阜民之财"，对待生产劳动者必须宽厚仁义。朱元璋认为"养民者，必务其本"，就像"种树者，必培其根"一样的道理。

首先兑现的是宽赋。明廷实行宽赋，对一些地区少征赋、缓征。洪武初年田赋较轻，当时田赋分"夏税"和"秋税"，缴纳以米、麦为主，丝绢和纱次之。当时的苏州、松州、嘉兴、湖州等地赋税过重，下令减租去其一半，以后又减租一次，最后，原亩租税七斗五升，全部定格在三斗五升。但遇有严重灾难的地区，仅是宽赋是不能体现生息之道的，于是朱元璋又实行了免除赋税的仁政。

其次朱元璋根据不同情况，实施蠲免。一是因战乱与天灾，如山东行省，洪武元年蠲免税粮；二是因新被征服困于征敛的；三是归服已久，因支援战争困难者，如北京、河南、潼关等地区，洪武二年夏免秋税粮；四是，如应天府、山东、河南、北平等地，考虑到其特殊贡献，免其夏税秋粮；五是恢复生产有"储蓄有余"者，如洪武九年（1376）淮扬、安徽、池五府及山西、陕西、河南、福建、江西、湖广等地免当年的全部租赋。

再次，赈济贫乏。这项要比宽赋免税更进一步的宽仁措施。如遇有灾害，不但不征收税赋，还要给百姓吃的用的。洪武七年，苏州发生水灾荒，命户部放粮，并贷298699户近40万石糇谷种，还有其他农具。洪武十年，以同样办法救济荆、蕲等地的水灾难民。这也是把赈济和恢复生产结合起来。

种植经济作物。还在大明建国前，朱元璋就鼓励江南地区种植桑、麻、棉等经济作物。曾下令，如有农田5至10亩者，必须栽种桑、麻、棉各半亩；10亩以上者加倍；田多者依此法率先栽种。凡不执行者，要给以处罚。建国后，这一措施推行到全国。规定了征税和奖惩的办法：凡种麻每亩征税8两，种棉每亩征收4两，种桑者四年开始征税；不种桑的要以绢交税，不种麻的，要交纳布匹。洪武二十七年（1394），又下令扩种棉花。洪武三十年，定议棉布一匹折米一石。此外，在栽种技术和工具上也更加完善，还把种植情况优劣，作为考核官吏政绩的内容之一。朱元璋重视经济作物的措施，为手工业提供了丰富的原料，不仅使生产得到了发展，形成了几个产棉区和松江等生产棉布的中心，而且经过大力推广，经济作物在全国的栽种上成为热点，特别是种植棉花，不仅可增加农民的收入，而且国家在财政收入上也有很好的收益。明初，除松江地区外，杭州也成为了棉纺织业的中心，反过来为棉花的种植提供了市场。很快，棉花的种植推广到了北方。由于北方地广人稀，气候适宜，在河北、河南、山东等地逐渐成为全国的主要产棉区，于是形成南北呼应，北方供应棉花，南方生产棉布，又供北方人使用，从而促进了南北经济交流。朱元璋也以棉布、棉花为供应军队的主要物资。而且还用棉布及其制品作为奖赏。辽东军队缺马，朱元璋便以山东棉布换马来解决。洪武十八年，给北平将士棉布 27 万 8 千余匹。仅此一项，可看出商业发展和手工业发展状况，为促进人民生活的提高和改善起了积极的作用，过去百姓视为珍贵的棉布，到了此时已成为寻常的物品了。昔日平民多穿麻织衣服，富人穿绫罗绸缎，冬穿裘皮、丝棉。而棉布的出现改变人们的衣着，平民百姓也可身着既暖又美观的棉织衣服。而且这时期棉籽也传到了朝鲜，棉布已销至朝鲜。

　　由于朱元璋此项措施的推广，在江南一带，东南各省的蚕丝和丝织业。也大大发展起来了；生丝和织品的产量远远超过了前代，生产技术也有所进步，成为国内外市场上的重要商品。在苏、杭、湖州、松江、常州一带形成了丝织业的中心，出现了最早的资本主义商品经济。

2. 兴修水利

朱元璋非常重视水利建设，视为实施"安养生息"政策的重要内容。但明初的治河工程一时还没有提到议事日程，黄河不治，实为一忧事，为了灌溉农田，便利漕运和防止旱涝，朱元璋曾下诏令，遇有此事，应积极行事。多次调动大量人力物力修建水利工程。如：

洪武元年，修和州（安徽和县）铜城堰闸，周回 200 余里。

洪武四年，修治广西兴安县灵渠 36 陂，可灌溉农田万顷。

洪武五年，命两淮都转运盐使司，疏浚运河，以便商旅。

洪武六年，征发松江、嘉兴民夫 2 万人，开凿上海胡家港，可通海船，并疏浚了盐海县的澈浦河。

洪武八年，开陕西泾阳县洪渠堰，灌溉泾阳、三原、醴泉、高陵、临潼之田 200 余里。

洪武九年，修四川彭州都江堰。取材竹木，代之铁石，不仅节省了费用，而且获利颇多，极大地方便了百姓。

洪武十七年，筑河南磁州漳河决堤，决荆州岳山坝以通水利，每年增官田租 4300 余石。

洪武十八年，令修筑黄河、泌河、漳河等堤岸。

洪武二十四年，疏浚定海、鄞二县东钱湖，灌溉田亩万顷。

洪武二十七年，令工部官员，修治陂塘湖堰，形成规模的可作蓄水池。

截至洪武二十八年，全国共计兴修开凿的塘堰 40987 处，疏通河道 4162 处，陂渠堤岸 5048 处。此外，朱元璋很重视平时对水利设施的养护，规定：凡盗决河防、圩岸、陂塘者，均受重刑。

对提调官吏和在任的官员明确规定，不修河防堤岸或修而失时者，也要受处罚。

由于朱元璋当皇帝期间对修河筑堰工程的广泛推广，一方面扩大了灌溉面积，一方面使大批被洪水、海潮淹没的土地变为良田和可耕之地，这对农业生产的恢复和发展起到了巨大的作用。例如：北方的济宁、真定等地，南方的江浙一带，屯田的平均亩产量都超过了前朝农业单位面积产量的水平。

以上各种措施，它的意义还在于稳定了以小农经济为基础的明王朝的政权，增加了朝廷的财政收入，大大提高了朱元璋的气势和威望。

3. 扶植工、商业

朱元璋当政后，很欣赏古圣贤的社会理想，希望国内士、农、工、商等四民皆能各守本分，做好本职工作，实现没有坏人、百姓安宁、物质丰富的和谐社会。为此，他在努力发展农业生产的同时，对工商业的发展也倍加关注。

首先，他对工匠制度进行改革。明初仍沿袭着六朝的工匠管理方法，专业工匠处境几近乎工奴，发挥不了生产积极性。较大的社会工程，所用工匠大都是从农民中征调的，工程完工或应役期满，他们仍然回到原住地区，从事农业生产。工匠劳动很苦很累，朱元璋也亲临现场视察。改革是逐步进行的。洪武十一年（1378）五月，朱元璋命工部，凡在京赴工的工匠，月发薪水盐蔬，并准许休工时的工匠，可以自由经营私产。

洪武十九年四月，工部又制定了工匠轮班制，凡外地在籍的匠户，定以三年一班，轮流赴京劳作三个月。按具体办法执行，根据居住地远近，编定簿籍，规定班次，签好合同，匠户按期带着合同到工部报到应役，朝廷此时免去应役匠户家的徭役。洪武二十六年，朱元璋又采纳了工部的建议，最后确定五种轮班制，即五年一班、四年一班、三年一班、二年一班、一年一班；为62种行业、232089名工匠重新颁发了合同，减轻了匠户们的负担。

除了轮班匠户外，还有坐匠户。他们在京师等地固定做工，由内府的内官监督管理。按规定，坐匠每月工作十天，月粮由工部支给。于是这些匠人一个月有20天可以自由支配，为自己干活、制作产品，自由地在市场上出售。与元朝相比，负担减轻了2/3。这不仅促进了商品市场的扩大，技术得到交流，而且更大程度上调动了匠人们的生产积极性，推动了手工业的发展。

明初社会较大的工程，尤其是建造京城，工匠多从农村抽调的，工役之繁如营建两京宗庙、宫殿、阙门、王邸以及采木、陶瓷、工匠造作等以万万计，劳作之苦、之险是难以想象的。洪武十二年，命工部一次性给予解决，给米济助，有妻子者一石，无者六斗。如在修宫殿时有工匠死亡者，朱元璋遂采取两项措施，一是命工部由政府给买棺木，送还其家；二是蠲免其家徭役三年。同时，发给现役工匠钱钞共60360余锭，以示安慰。这些只能说明朱元璋为了稳定"军心"而施出的恩惠。

其次，扶植工商业。朱元璋对商业极为重视，他始终认为，商业在一个国家内不可没有，商贾可以"通有无"，是一个不可或缺的阶层。为此，他采取了许多措施，促进商业发展。第一，明朝建立后，他首先设置了税收机关。在京师的税收机关叫宣课司，在府级称税课司，在州县称为税课局；在有些市镇设立分司、分局。江州设茶运司，专抽取茶税；在水域关津处设立竹木抽分场。

第二，朱元璋认为对商贾征税不能过分苛求，洪武年间的商税一直维持在"三十税一"的标准，超收者，以违令论处。后来又下令，对农具、军民的嫁娶、丧葬费用、舟车丝布之类予以免征。还又命诏工部检查度量衡是否标准，斛斗秤尺作弊增减者，都按《大明律》规定处置。第三，洪武三年又令，禁止牙侩（经纪人）在全国州府县镇店存在，不许有官牙、私牙；一切客商私有货物，纳税后，听从发卖，这样在买卖活动中减少了中间环节盘剥，给守法商人以更大的活动自由。按照规定商人即交了税，做生意是受到保护的，若官吏扣押货物，损害了商人利益，应当受惩处。洪武十三年，撤销了 364 处税额不足 500 石米的税课司局，户部因全国税课司等收税有亏，而提出要求征税以洪武十八年为准的定额制，被否定，认为征之商税要"随其多寡，从实征之"，即根据每年不同的情况，实行实际征税。第四，实行便商措施。当时在京师南京城里，军民住宅皆由官府供给，因人口密集，房屋连廊栉比，尤其在江岸附近，更是拥挤。商货运至，有的停在船上，有的贮存城外百姓家中。商人若患病，此时牙侩便乘机压低价格，逼迫商人出售货物，商人极为苦恼。朱元璋知晓后，洪武二十四年（1391）八月，命令在三山门外，临水建屋，名叫"塌房"，即货栈，专门用来贮存商货的。商人交税后随时可以自由贸易，不受牙侩的牵制，更不用担心因无货物存放地而受损。

由于朱元璋采取了一系列扶植和保护商业的措施，使得在他当政期间，商业逐步发展和繁荣起来，形成了许多商业城市和市镇，同时也是商品生产和销售中心。城里有了许多手工业作坊和门市（发行号），云集了数量众多的各行各业的手工业工人以及小商贩。随之而来的是城市人口猛增，南京及周围属县人口，已接近 120 万人。长江沿岸借水运的发达，工商业城市也出现了新的各行业的交易中心地，如开封、济南、常州、南昌等成为粮食交易中心地和集散地；南京、苏州、杭州、扬州成为纺织业的交易中心地；徽州、池州、歙州、徐州等地成为印刷、文具的交易中心；洮洲、大同、河州、大理为边境进行茶马交易中心。据洪武十四年统计，秦、河二州以茶易马 181 匹，纳溪、白渡二盐马司以盐、布易马 200 匹；洮州卫以盐易马 135 匹；庆远、裕民司以盐易马 181 匹，总计得马 697 匹。由于商业的发展日益繁荣。使得像广州、福州、泉州、宁波等城市迅速发展并成为对外贸易的港口。这些城市逐渐形成规模，人烟稠密，商铺林立，连较偏西的太原，也被形容为"繁华富庶，不下江南"的景况了。

再次，洪武中期，随着手工业、商业的发展，矿业也渐趋发展。洪武五年，据中书省统计，湖广、广西、山东、陕西、山西、河南七行省，当年的铁产量已达到 8,056,405 斤。洪武七年，明政府下令设置铁冶所，原制铜的池州置铁冶所，加上原来江西南昌府进贤铁冶处共有 13 所，每年共计炼铁 8,052,987 斤。当然被开矿的地区远不止这些，如果国家一旦需要就立即开采，数量足够需要时，就停止开采和冶炼。冶铁纳税是按产量的十五分之一缴纳。

除铁、铜以外，明初还开采了金、银、铝、汞等矿。但朱元璋认为"银场之弊，利于官者小，损于民者多"，不准开采。有人奏报甘肃阶州武都，有水银坑冶及青绿紫泥，希领兵取其地。朱元璋以不能"用兵争利"而罢休。有广平府吏建议重新在磁州"置炉冶铁"，都被朱元璋以会引发社会不安为由阻止，还流放了广平府吏。其实这说明朱元璋并没有远大眼光与抱负来发展工商业经济，也反映了此时的工商业发展已满足了统治者的需求。朱元璋有恃无恐地反对扩大冶铁，这也是朱元璋的局限性所在。

最后，朱元璋在恢复社会生产发展工商业的同时，试图进行货币改革。早在占领集庆后，就下令铸造大、中通宝钱，以四百文为一贯，四十文为一两，四文为一钱，代替元朝的纸币。明朝建立后，颁行"洪武通宝"钱，在应天设"宝源局"专门铸钱。在各行省设宝泉局，严禁私铸钱币。洪武四年又下令改铸大、中洪武通宝，大钱为小钱。后来因铜产量不足，加之铜铸之钱份量较重，不便于携带，所以商人们仍用旧钞。朱元璋顺应形势，在洪武七年又设宝钞提举司，造大明宝钞，以桑茎为纸料，纸质青色，长1尺，宽6寸，四周有图案，上额印有"大明通宝钞"字样，与铜钱通行使用。凡商税征课，钱钞兼收。大明宝钞分为一贯、五百文、四百文、三百文、二百文、一百文6种。规定每钞一贯准钞千文，白银一两，四贯准黄金一两。这一货币改革，对民间贸易和商人交易，是极为有利的措施。但在当时没有控制发行量，故无法保证货币值。明初头几年，宝钞发行量较少，币值较稳定，后来发行量不再限制，洪武十八年（1385）造钞9946599锭（以钞5贯为一锭），按此比例计一年发钞合银5千万两，相当于银子收入（准备金）的一千倍，因此，宝钞贬值。直到洪武三十年，杭州商贾一律以金银定价，根本不用宝钞了。而且时间日久，造假币便得以猖狂，使大明宝钞信用降低，大为贬值。重要的是，这种纸币没有贵金属做准备金，直到洪武末年，宝钞严重阻滞，商人、百姓都不买账。后来朝廷一再用命令来维持通行，也无济于事，最终难免以失败告终。

4. 实力增长

在朱元璋"安养生息"的政策推动下，明初的经济得以恢复和发展，实力有所增长。经济实力增长是明朝初年朱元璋恢复与发展生产措施得力的结果。

洪武十四年（1381），明朝的土地、户口和赋税收入有个全面调查和统计，对了解那个时期社会经济发展极为关键。据记载，当年统计，全国户数为 10654362 户；人口 59873305 人；官民田地共计 3667715 顷 49 亩，征收麦米豆谷 26105251 石，钱钞 222036 贯。此外，官府经营的商业也颇有成效，由兵部奏报的茶盐银布易马之数为：秦、河二州以茶易马 181 匹；纳溪、白渡二盐马司以盐布易马 200 匹；洮州卫以盐易马 135 匹；庆远裕民司以银盐易马 181 匹，总计得马 697 匹。

由于朱元璋等统治者的努力，措施得当，经过十几年的经营，土地开垦卓有成效。《明史》记载："每年中书省奏报天下垦田数，少者亩以千计，多者至二十余万。"据统计，至洪武十三年，全国新垦土地增加了共 180 余万顷。这说明无地的农民通过垦荒和屯田重新得到了一处可以耕种的土地，从而变成了自耕农民，提高了生产积极性，这也是劳动力与生产资料的又一次结合，是使封建生产方式正常运作所必需的。

在全国耕地面积不断增加的过程中，大规模屯田起到重要作用，即不仅开发了边疆，巩固了国防，而且也保证了军饷的供应，减轻了人民的负担。洪武二十一年，全国军屯收获的粮食就有 500 万石。屯田军士的辛勤劳动，除做到自给以外，还有余粮上缴。朱元璋曾得意地说："我京师养兵百万，要不费百姓一粒米。"

由于粮食产量的大量增加，促使府州县随着升级。明朝是以税粮的多寡划分府县的等级。县按田赋 10 万石、6 万石、3 万石划分为上、中、下三个级别的；府按 20 万石以上、20 万石以下、10 万石以下划分为三个等级。洪武八年，开封府因税粮 38 万石之余升为上府。同样情况，太原、凤阳、西安暨河南皆升为上府。

从全国收入税粮来看，洪武十八年收入 2088 万 9617 石，二十三年 3160 万 7600 石，二十四年 3227 万 8983 石，二十六年 3278 万 9800 石，与元代全国岁粮收入 1211 万 4700 余石相比，增加了近两倍。

但是，问题很快就暴露了出来。首先，虽然经济在恢复发展，然而基础薄弱，经不住一点风吹雨打，遇有天灾，素无储积，无奈只好政府设常平仓，官出钱，购买粮食入仓，紧急时刻，平价卖粮给百姓。其次，上报的垦田数字不实，如北方的一些郡县开垦荒地，每年数目都有增加，而土旷民稀，开垦数极其有限。所在守令，为了夸大政绩，谎报数字。最重要的是，原来拥有土地的地主，他们利用一切手段逃避明政府的赋税和徭役，如两浙地主把自己的田产假写在亲邻或佃仆名下，倚仗政治力量，隐瞒土地面积，庇护漏籍人口纳税，把自己的负担通过舞弊手段，转嫁给"细民"、小户等一些贫苦农民。这样做的后果是，一方面朝廷的田赋收入和徭役征发都减少了；另一方面，贫苦农民更加穷困潦倒。这两方面都直接影响到明政府的财政基础。还应看到，经过元末以来二十年的战争，各地田地簿籍，多数丧失，有保存下来的，也因户口变换，土地转移，实际情况和簿籍不相符合。因有许多田地没有簿籍可循，大地主们便乘机隐匿田地；有簿籍登载的土地，他们登记的面积和赋役又轻重不一，极为不公平不合理。这些情况，也早已引起了朱元璋的注意。

于是，朱元璋坚决采取措施来维护本朝的经济基础，用严刑重法消灭那些奸顽富豪。一方面整理地籍和户口——即普遍丈量田地和调查登记人口，就是现在所说的"人口普查"。另一方面防止"过制之取"，做到"取之有节"，避免给农民加重负担。

洪武元年正月，派国子监生周铸等164人往浙西核实田亩，定其赋税。五年六月，又派使臣去四川丈量土地，算是清查地籍和户口的前奏吧。十四年命全国郡县编制赋役黄册，就是户口簿。二十年，命国子监生武淳等分行州县，编制鱼鳞图册。前后一共用了二十年的功夫，完成了这两件事情。

通过人口普查编定了赋役黄册。黄册就是国家控制土地的同时，也要掌握户口才制定的。这样按照黄册的户籍把户口编成里甲，以110户为一里，推丁粮多的地主10户作里长，余下100户分十甲，每甲10户，设一甲首；每年里长、甲首各一人主事，按以丁粮多少为序；10年为一周，称排年。10甲在10年内先后轮流为朝廷服劳役，一甲服役一年。在城市的里称坊，近城的叫厢，农村称里。每里编为一册，册有丁有田，丁有役，田有租。租一年两征，分为夏税、秋粮，皆以户为主。因以黄纸为册封面，所以又称"赋役黄册"，也称户帖。每隔十年，地方官以丁粮增减重新编定服役的次序。这种户帖可称是世界上最早的户口簿了。据说，明朝这次人口普查，较美国1790年、英国1801年的"国情普查"要早400多年。黄册要造四份，一册上交户部，其余三册分各布政司、府、县存档。年终进呈。

洪武十四到二十四年，十年之间明朝国家掌握的户口数量有了显著的增加，既意味着国家与豪强地主争夺劳动力取得了很大胜利，也反映了恢复与发展经济的一大成就。洪武二十四年全国更造赋役黄册成，根据赋役黄册统计，全国有 10684435 户，人口 56774561 口，比元朝最盛时期增加了 440 余万户，600 余万口（有说 700 余万）。赋役黄册又是征收赋税的凭证。

　　洪武二十年（1387），又在核实黄册的情况下，发现了豪强富民畏避徭役，欺骗政府，久之相习成风，层层欺瞒，富者愈富，贫者愈贫。朱元璋派出国子生到全国各地，根据纳税多少，随税粮定区，区设粮长四人，把丈量的土地依次排号，作成简图，记上田主的名字及土地丈（尺）数，编类各图成册，以所绘的田亩形象如鱼鳞，也称鱼鳞图册，即土地簿。它是确定地权的根据。至洪武二十四年，全国官民田数已达到 3874746 顷 73 亩。赋税收入的增加。在封建国家里，政府的收入增加，不一定标志着经济的发展和繁荣，但不可否认，也许和政府剥削增加有关。然而，如果人民连自己都没有吃的用的，政府无论如何亦难以增加赋税收入。从这一点上观察，明初政府赋税收入的增加还是可以反映经济实力的。洪武十八年，仅征收的田租就有 20889617 石之多。二十四年，收入的米、麦、豆、谷、粟竟至 32278983 石，绸、绢、布 646890 匹，丝绵、棉花和漆等共 3665390 斤，钞 4052764 锭，白金 24740 两，盐 1155600 引。两年后，据户部统计，当年全国钱粮金帛之数，其中粮储 32789800 余石，钞 4124000 余锭，布帛 512000 匹，金 200 两，银 20500 两，丝绵茶等物 3654000 余斤，盐 1318000 余引。就租税而言，二十六年（1393）比十八年（1385）即增加了三分之一的收入。

朱元璋进行的土地丈量和人口普查，是几百年来若干朝代的政治家、帝王所不能做到的大事，他划时代的完成了！力图实现占有和纳税基本保持公正的地步。

九、以法为治本

1. 制定《大明律》

朱元璋对法制极为重视，这是源于历史与现实方面的两个原因。第一，鉴于元朝灭亡的教训，法制不立，纪纲废弛，造成义军蜂拥直起到自身土崩瓦解。第二，是维护明朝统治的需要。朱元璋从成功的实践经历中认识到，由于他有适应一路发展的法令，并得以贯彻执行的结果。朱元璋在建立明朝之前就开始着手制定法律了。早在至正二十四年（1364）他被拥立为吴王后，即建置百官，一个新王朝初具规模，立法也提到议事日程上来了。这位新吴王对徐达、李善长说："建国之初，当先正纪纲"。又说"礼法，国之纪纲，礼法立，则人志定，上下安。建国之初，此为先务。"这里明确指出建立新秩序，必须有法可依。也确切地反映了朱元璋呼吁立法的急切要求。

调动和组织大批官员制定法律始于吴元年（1367）。这年十月，命中书省以《唐律》为蓝本，着手制定律令，即《明律》，也称"吴元年令"。以左丞相李善长为总裁官，另有杨宪、傅瓛（参政知事）、刘基（御史中丞）、陶安（翰林学士）、徐本（右司郎中)、范显和文原吉（治书侍御史）等20多人为议律官。朱元璋遂发谕令，明确了立法原则："立法贵在简当，使言直理明，人人易晓"；"务求适中，以去繁弊"；"法网密则无大勇，法密则国无全民"等等。当年十二月初，《律令》一书编成，内容以《唐律》为标准，适当进行了增减，最后改定，共计285条。朱元璋下令，将此《律令》刊布公众，颁之郡县。为使百姓明理通晓及民间所行事宜，又编成了解释律令的《律令直解》一书。洪武元年（1368）八月，又进行了修订和完善，"务求至当"，避免轻重失宜。朱元璋亲自进行增删。洪武六年，先颁布《律令宪纲》，后又下诏刑部尚书刘惟谦详定，篇目皆以《唐律》为准。最后亲自主持。每成一篇，则命揭示墙壁上亲自裁定，直到翰林学士宋濂写《表》进呈，方命令颁行，这就是著名于世的《大明律》。其全律总计606条，分为36卷。其中内容与人民生活有关的部分朱元璋以口语通俗的形式写出，称作《直解》，目的是使百姓都能看得懂，使之家喻户晓。

但是，朱元璋修定法律的活动并未至此而止。洪武九年又命丞相胡惟庸、御史大夫汪广洋等以"务合中正"要求，重新厘正《大明律》13条；二十二年，命翰林院同刑部官员，根据历年所增者，再次修订《大明律》，并将名例律冠于篇首。至此总共定为30卷，460条。分别为：名例1卷，47条；吏律2卷，职制15条，公式18条；户律7卷，户役15条，田宅11条，婚姻18条，仓库24条，课程19条，钱债3条，市廛5条；礼律2卷，祭祀6条，仪祭20条；兵律5卷，宫卫19条，军政20条，关律7条，厩牧11条，邮驿18条；刑律11卷，盗贼28条，人命20条，斗殴22条，骂詈8条，诉讼12条，受赃11条，诈伪12条，犯奸10条，杂犯 11 条,扑亡 8 条,断狱 29 条;工律 2 卷,营造 9 条,河防 4 条。后来经皇太孙的请求,朱元璋又命改定 73 条。

朱元璋为了把《大明律》推广到社会生活的各个方面,也为早日革除元朝的徇私灭公的恶习,洪武十八年又编成《大诰》,也称《御制大诰》,次年又编《续编》《三编》,内容都是官民犯法的记录,惩治贪官的备案。颁布后,朱元璋要求所有臣民都要熟读,颁之学校作为教材,每家每户都要持有,如果家中有一本《大诰》的,犯罪时可减刑一等;如果没有,就要加刑一等。一时间全国讲读《大诰》的师生到京城入朝的竟达 19 万人之多,皆得赐钞钱而返。由此可见,这种做法,既起到了教育传播律令的作用,又使全国臣民驯服地在君主制下生活;同时,朱元璋要求司法量刑治罪"只依律与大诰为准"。《大诰》罗列罪行有千余条,而且达到以重刑来威慑臣民的目的,它又具有法律效力。洪武三十年(1397),一代《大明律》《诰》最后编成。成为定型本,终明之世未曾修订。

形式上《大明律》的制定是以《唐律》为参考标准的,但从其内容来看并不如是。在量刑上大都比《唐律》为重。如定臣民以"十恶"定谋反、"谋大逆"等罪时,不分主、从,一律凌迟处斩。《唐律》在量刑上要分犯罪的情节不同,而《大明律》则没有区分;在年龄上,以 16 岁为界,《唐律》规定,15 岁以下不处死罪,而《大明律》则没有这种区分。由此可见,明朝的法律要猛一些。

朱元璋亲自主持和参与制定的明朝律令,尤其是《大明律》,经过数十年的酝酿创制修订,最后定型颁布天下,真可谓"日久而虑精"。它是我国封建社会一部比较完善的法典,也是承前启后的法典。条例简而概，精神原则严谨，是以封建小农经济为基础的法典代表。它的影响所及，不仅是明朝和其后的清朝甚至远到日本、朝鲜、越南等国。

2. 依法行事

有了法律，就要维护法律的尊严和威信。朱元璋对执法的官员们告诫，执法就像射大鹄一样，必须掌握好弓箭才能射中。维护好社会秩序，维护好统治得民心，就必须振纪纲，明法度。

有法必依。在朱元璋即位当皇帝之前，刚刚攻占浙江金华（婺州）下令禁酒，大将军胡大海之子犯了酒禁，朱元璋闻后大怒，要惩治，而当时胡大海正领兵征越（今绍兴），有人为不惊动胡大海，奏请免杀其子，可朱元璋却坚决不答应，说："宁可使大海叛我，不可使我法不行"。遂亲手杀了胡大海之子。这一事情是朱元璋在一定程度上用重典树立威信的证明，而在建国后他更注意维护法律的尊严了。他既看到有法与无法的区别，也更意识到，法律才是维护统治的根本。纪纲法度为治之本，而振仁纲明法度的人，就是执法的官员，提醒他们掌握好纪纲法度。

鞫狱当平恕，是朱元璋执法的一个重要原则，强调审讯主持公道，平和宽恕。除非大逆不道才能定罪，百姓犯罪不得连坐。对平民百姓要体现平恕、重亲情和人性的原则。洪武元年，朱元璋北巡，刘基和李善长留守京师，刘基的责任是督察奸恶，以肃清京城。执行时，有一中书省都事李彬犯法，刘基立即逮捕治罪。求李善长说情，想免其处罚，刘基不允，反而借天旱不下雨，说杀了李彬天必降雨，于是李彬被斩。朱元璋回京城后，发现怨恨刘基的人颇多，寻找了一个借口，送刘基回老家去了。由此事可反映出，朱元璋对刘基执法严苛是不完全赞成的。并再三强调执法者，主持公道，不冤枉一个好人，做到宽严相济。

朱元璋为使执法得以"平恕"，彰显法律的公允，他采取了以下四项措施：

其一，为使人民有冤得伸，并在皇宫的午门外设置"登闻鼓"。规定：凡民间词讼，得不到伸理的或有冤不能前来者，均准许击登闻鼓，监察御史立即奏报，敢阻止者死罪。一旦有犯人不得伸冤或提什么建议的，有特殊的情况，朱元璋仍予以通融。淮安府山阳县民得罪，当杖处之，其子请以身代父受杖，引起朱元璋的同情，说父子之亲乃天性，出于至情，孝子替父受刑，要以此例劝励天下，释放其父。他还处理了几起子代父死的案件，虽不属伸冤，也算是孝义的典型，要求播告宣传，以便风励天下，达到教育目的。

其二，警告人民避免犯法。朱元璋有令，要在府州县及其乡之里社建立《申明亭》，张榜公布当地人严重触犯刑律者的罪过及姓名，使人有所警戒，"以开良民自新之路"。另外，要求各地利用乡间举行聚会，饮酒礼的机会来宣传法令；又参照唐宋之制，在内应天府，及直隶府州县，每年孟春正月，孟冬十月，有关官署与学官召集士大夫老者，聚集学校举行活动。其中有一项就是读《律令》及其他法令，做到"知所警而不犯法"。

其三，朱元璋亲自审案宽释。洪武二年，监察御史谢恕巡按松江，以"欺隐官租"罪名逮捕了190多人到京师，其中多数人喊冤枉，治书侍御史文原吉等上奏了此事。于是朱元璋命召数人亲自审问，才了解其实情，纯属冤案。朱元璋便责备谢恕，作为耳目之官的监察御史，不能为民平冤伸张正义，反而诬陷无辜，朝廷的耳目还能信赖吗？于是释放了那些被冤枉之人，并给路费遣归。处分了谢恕，表奖了文原吉。另有一些在法律条文规定之外的"罪行"或"违令"，或有小题大做的案例，朱元璋认为这都不能列为处罚之内，有待再修改，补充法律，更不能以轻微的小事而治罪于民。

其四，提倡"明刑慎罚"。朱元璋不是无原则的放宽行刑，而是求其轻重适宜，强调"明刑慎罚"，即把犯罪事实弄清楚，处罚时要慎重。这里更重要的是注意"明"，这是慎的前提，前者做的好，后者自然做的公正。洪武六年，淮安卫总旗因演练射击，不慎误击中军中一人致死。当时都督府以过失杀人论之，朱元璋提出异议，说道，习射本身是公事，邂逅致死，怎么能与过失杀人同罪呢？最后特赦无问题处理。这里把"习射"和"过失杀人"等同起来，是对审案不"明"，纠正后也就没有同罪的根据了。另一案，洪武八年正月，湖州府人往京城运送官钱，走到长江，船翻，钱有一半掉到江中。运钱人作了赔偿。事过之后，有的军士从江中捞得淹入水中的钱。司法官员经审理，要对拣钱的军士处以"杖"罪。朱元璋知晓后出面干预，提出"士卒得钱物于水中，非盗也"，不能把拣钱与盗钱混为一谈，实为审案不明，所以罚杖也就没有根据了。

劳教罪犯。朱元璋认真依法行事，虽然有修正的冤案，有些罪犯得以宽释，但最终判决有罪的人还是大量的。作为一朝的当政者，为了维护明朝的专制统治，总的来看是极其残酷的。犯法的人不断增加，大量犯人如何处置呢？朱元璋采取了劳教犯人的措施，就是犯人不因于狱，是通过劳作治罪、悔改。被劳教的犯人有戍边免死的普通商民和获罪的官吏等等。劳教犯人有的限年输作，然后改为屯种，如发临濠屯种的一罪犯，原是在两广戍边；有的施以酷刑以外，继续劳教。有的赴京师筑城。劳教表现好的可再被启用。洪武七年，有一批在凤阳劳教的官吏，"已历艰苦，必能改过"。经选拔，此次已有149人至京师"各授职有差"；后来，又有一批在凤阳劳教的官吏被任用。

3. 倡廉惩贪

出身农民世家的朱元璋，做了明朝皇帝之后，就有了双重的身份和背景。痛恨贪官污吏欺压和剥削劳苦大众，嫉恨贪官污吏横征暴敛，破坏社会秩序，尤其是对抗他的法令，对付这一社会弊病的灵丹妙药只能是倡廉惩贪。

设官为民，先养其廉。任何一个国家政权，都必然有官有民。以官治民，问题是如何使官吏统治时有所约束，依法行事，让官、民和谐共处。他对主管营田的官员说过：理财之道，莫先于农。春作时要做到不旱不涝，务必蓄泄得当。大抵设官为民也是这个道理，同时也是朱元璋倡廉惩贪的目的所在。

倡廉并不是不给官吏们应有的待遇，作为皇帝朱元璋对官吏无意亏待，且想的还很周到。在倡廉的同时，也考虑到了养廉。明朝建立前一年，他任命了234名郡县官吏，特下令给他们优厚的派遣费，数量还不少，以免到任后，借贷侵渔百姓，对奉公不利。并告诉新上任的官员，百姓所出的租赋以资国用，也是官员们的俸禄来源，明确了这一道理，当官的应该勤于政事，尽心于民。民有词讼，应当为办理曲直，不能尸位素餐，贪冒坏法。只有廉者能约束自己而有利于他人。洪武七年，新任命的一批北方守令，临行前也得到中书省的给赏，目的同为"以厉其廉耻"。

廉与能是结合的。朱元璋是把倡廉和要求官吏多为百姓做好事联系起来。他曾说过，朝廷命官若自己清廉而且奉公守法，就像人在平坦大道上行走，从容自适。假如贪赃枉法，像走在荆棘之中，寸步难行。若生存下来肯定是体无完肤。还说：我现在命官，是因其有才干；官吏有所作为，是因其为民做事，体恤百姓。相反，州县官不恤民，往往是贪财好色，饮酒废事，对民疾苦视而漠然。

在明朝洪武年间，为官清廉者不在少数，以廉能受到朱元璋奖赏的官吏大有人在。如宁国（安徽今县）知府陈灌，在任时大力兴办学校，访问疾苦，严禁豪绅兼并土地，"创户帖以便稽民"，就是建立类似户口的簿子，便于掌握居民情况，得到了朱元璋的肯定，以此为榜样，颁行全国；又如济宁知府方克勤，鼓励农民开垦，三年不纳税，言而有信，田野得以开垦，户口增加数倍，使该郡富足。而他本人却极为简朴。一件布袍穿十年不换，饭食无肉，受到朱元璋的嘉奖，并赐宴招待。还有一父教子的生动事例，引起朱元璋的重视。吴兴县人王升，有罪被囚在狱中，刑部查狱囚时，发现了王升给其子平凉知县王慎的信，奏报给朱元璋阅之，赞叹很久，信中说道："为官需廉洁自持……抚民以仁慈为心，报国以忠勤为本，处己以谦敬为先，进修以学业为务，有暇日宜玩味经史。至于先儒性理之书，亦当潜心其间，于此见得透彻，则自然所思无邪。又熟读律令，则守法不惑。仕与学，盖不可偏废。"朱元璋阅后，亲手写诏书给王升，认为王升是位善教者，能以忠尽之言，叮咛其子。在贪风遍布之中，能看到这样的家训，谁也比不了。肯定此信"劝善惩恶，移风易俗"，实有国之务。于是下令将王升释放。朱元璋释放情况类似的犯人不在少数，对犯有其他过失的官吏，尚可宽恕赦免，唯独对贪官处罚极严，一般不轻易放过。洪武四年，他下令"自今官吏犯赃罪者无贷"，即贪污犯赃罪者，不能宽恕。朱元璋究其元末以来政治上贪赃最大的弊病，总结了两条：一是很多当官的靠贿赂"邀买名爵"，即使州县的薄书小吏，不用钱财贿赂是不能高升；二是有事要办，无论行政、司法皆以贿成，"蠹政鬻狱"大为民害。朱元璋深知其弊，常说：此弊不除掉，要成就善治，终不可得。他看透了贪官污吏的本质就是爱利重于爱身。他引用唐太宗的话说：贾胡剖身以藏珠，若官员惟知财利，不惜性命，与贾胡有什么两样！如果使官吏爱身守廉，哪里还会有丧身被诛之事！只是他们重利轻身，才遭至祸败。

历史上对朱元璋杀人过多颇持否定态度。有的书上记载说，朱元璋视朝，若举带当胸，则是这一天杀戮的人就少；若按而下之，则倾朝无人色。宦官们拿这个来观察朱元璋的喜怒。如果就像这么写的无缘无故，凭个人喜怒滥杀人，当然是很不好的。但是这个一心想使国家长治久安的最高统治者，是否要由自己来制造混乱，扩大反对势力呢？需要具体分析了。如果他真的发现朝臣中有人贪污索贿，或鼓动造反，从而要把这样的人置之死地，那就是事出有因了。

4. 礼仪法规

朱元璋制定了很多礼仪法规，一方面表示他对传统礼仪的重视和继承，另一方面也体现了因时制宜的改革。最主要的是通过礼仪法规的制定，把制礼和治乱结合起来维护朱氏的皇权威严，对社会各种关系进行调整，并向广大民众开展教化。具体的说，定礼制是为辨贵贱，明等威，是一代帝王治国必须做的。革除闾里之民与公卿无异、贵贱无等、"僭里败度"之"奢侈"风俗，使臣民都能顺从朱家的封建统治。

修礼书。朱元璋把制礼和法制治乱结合起来。登基伊始，先开礼、乐二局，聘请老儒学者，拟定了大明朝的第一部有关礼制的法典《存心录》。又诏礼臣修礼书：赐名《大明集礼》。又命礼臣李善长等编辑礼书，同时 30 余年，编辑成集的礼书有：《孝慈录》《洪武礼制》《礼仪定式》《诸司职掌》《稽古定制》《国朝制作》《大礼要议》《皇朝礼制》《大明礼制》《洪武礼法》《礼制集要》《礼制集要》《礼制节文》《太常集礼》《礼书》等十余种。在制定这些礼仪法规过程中，突出之点，一是"厘正祀典"，凡不应祭祀的天神等皆为革除；二是诸神封号，一律改或本称；三是扫除陈规陋习，一切都要从实际出发。这里包括祭祀诸神，祭告和祈报，城隍封祀，朝仪之礼，宗庙祭享，功臣立庙等；朝仪之礼，车服之制；皇帝冕服，群臣冠服，儒士、生员、监生巾服，庶人冠服、军士服以及官民相见礼等。

朝仪之礼，其中最隆重的是登基仪、常朝仪。洪武三年规定，初一、十五日，皇帝皮弁服登奉天殿。百官朝服于丹墀东西，两拜。班首进前，同百官鞠躬，称"圣躬万福"。复位，皆再拜，分班对立。省府台部官有奏，由西阶升殿。奏毕降阶，百官出。

早朝。皇帝在华盖殿，文武官于鹿顶外东西立。有事奏者出班，奏毕，鸣鞭，以次出。如皇帝在奉天殿，先于华盖殿行礼，奏事毕，五品以下上到丹墀，北向立，五品以上及给事中、御史等于中左、中右门候鸣鞭，诣殿内序立，朝退出。

朱元璋反对在车服上讲究奢侈和拘泥历代成例，下令皇帝乘舆改金饰为铜饰。命礼官考五辂制，做木辂二乘，一以丹漆，祭祀用之；一以皮鞔，行幸用之。

服制。皇帝冕服——洪武三年定正旦、冬至、圣节并服衮冕，祭社稷、先农、册拜亦如此。

皇帝武弁服，亲征遣将服之。皇帝常服，洪武三年定，乌纱折角向上巾，盘领窄袖袍，束带间用金、琥珀、透犀。

群臣冠服——分为公服、朝服、常服，以赐百官，服色尚赤。朝服是在节日、颁诏、进表等各种重要场合时穿用；公服是早、晚朝奏及侍班、谢恩等场合穿用；常服，凡日常朝视事时穿用。

庶人冠服——在礼仪法规上，最大的区别是官与民的不同。在服饰上，还有民族风俗的差异。朱元璋即位不久，就曾下诏恢复衣冠如唐制，即包括士民皆束发于顶，官则乌纱帽，圆领袍，束带，黑靴。庶人的帽子，不得用顶，帽珠只许用水晶、香木，农民戴斗笠、蒲笠进入市井，不是农民则不可。士庶则服四带巾，杂色盘领衣，不得用玄黄，士庶妻服浅色团衫，用泛丝绫罗绸绢，乐妓穿戴不得与庶民同，不得服两截胡衣，其辫发椎髻、胡服胡语胡姓，一切禁止。庶民男女衣服不得用金绣、锦绮、纻丝、绫罗，只能用绸，素纱，靴不得裁制花样及金线装饰。尤其洪武十四年令农衣绸、纱、绢、布，商贾只能衣绢、布，农家有一人为商贾者，亦不得衣绸、纱。

军士服——明初年，军服表里异色，称为鸳鸯战袄。洪武二十一年又定旗手卫军士、力士，一律红胖袄，样式为长齐膝，窄袖，内里实以棉花。胖袄的优点在于对方射箭过来，伤刺不到身躯。二十六年令骑士对襟衣，以便乘马。

朱元璋还定了官民相见的礼节。洪武五年下令一改元朝旧俗，规定各级官吏之间，官吏与平民之间都有尊卑贵贱之分。官员的礼仪均依品级等次而定，以品秩高下来区分尊卑；凡揖拜、序立、行走、回避等都各有仪节。如：

公、侯、驸马相见各行两拜礼。一品官见公、侯、驸马居左，答礼，二品见一品、三品以下亦仿此。若三品见一品，四品见二品，行两拜礼。百官相见，一律以品秩高下分尊卑，品秩相近行礼，则东西对立，卑者在西，高者在东，品秩超过二、三等者，卑在下，尊在上；品秩超过四等者，则卑者在下拜见，尊者坐着受拜，有事则跪着报告。官员外出时的骑乘，随从人数也依官品而定。三品以上乘轿，四品以下乘马；官员随从，公十人，侯八人，伯六人。

凡子孙见祖父母，每日必诣前肃揖。若远出隔旬日而见及节日庆贺，皆四拜。其他长辈亦相同。远房的长辈，两拜即可。民间平交者亦如此。不遵守礼仪者，以违制论。洪武十二年，朱元璋还下诏规定致仕乡官与百姓之间的礼仪。回乡的官员与人叙谈，只在宗族外祖及妻家范围内论尊卑。遇有岁时宴会，则为他们另设专席，并不可坐在无官者之下；百姓平民对致仕回乡的官吏，必须以官礼谒见，敢有凌侮者依法论处。

十、发展教育文化

1. 大办学校

朱元璋本人读书不多，没机会受正规教育，但他懂得学校教育对他的统治延续有特殊的意义。学校的教化作用，是武力杀戮威慑所不能替代的。明王朝建立之初，各级政权机构，需要大批的官仕人士去充实。为此，朱元璋有两条路可走，一是网罗现有的人才，招募元朝时、现愿为新王朝效力的旧官吏以及民间的儒士文人；二是要按新政权要求培养具有能适应新形势的新官僚，使其从骨子里为新王朝效力。所以说，大力办学培养新人才是明朝建立学校的目的。很明确，就是培养官僚，这也是朱元璋实现长治久安，保障朱氏天下永存的可靠途径。

明朝学校的性质没有什么特殊的，如说学校是"教育"人才的地方，学校是"储才"的地方，等等。但是，明朝的制度规定，把学校和选拔官僚紧紧连在一起则是比较突出的。《明史》的编撰者大概看得很清楚，所以把学校归入为"选举之法"的一种，写入了《选举志》。

培养人才和选拔人才是两个范畴，可是明朝在制度上，使二者变得密不可分有两点：其一是，"科举必由学校"；其二是，"学校起家可不由科举"。就是说，学校是培养人才的广阔园地，从学校培养出来的人才，可以参加科举考试做官，也可以不参加科举直接做官，可是想当官必须进学校。诚如著名明史专家吴晗所说，由朱元璋开创的明朝，"学校是做官所必由的大路"。

在朱元璋的倡导下，明朝从中央到地方兴办了各类学校。而朱元璋本人最重视的还是京城里的国学，即太学。它是全国的最高学府，学生人数多而且集中，培养出来的人才又都担负国家的重要官职，或对社会风俗文化均有广泛影响，等等。

明代的学校有两类：一是中央一级的学校，称国子监或国子学，明史上称国学。二是地方一级的学校，称府、州、县学。国子监创立于明朝建立前三年（1365），原在应天府，始称国子学。不久正式改为国子监。国子监设祭酒一人，相当于现在的校长，总理监内一切事物，是一监之长，就是一校之长。祭酒之下，设司业一人，相当于现在的副校长，协助祭酒管理监内事物。设监丞一人，专管学生纪律；典籍一人，主管章奏文书事务。主讲教师称为博士，设 3 人，讲授《大学》《中庸》《论语》《孟子》四书及《易》《书》《诗》《春秋》《礼记》五经。博士之下的教学人员，设助教 15 人，学正 10 人，学录 7 人，负责讲经义文字。典籍一人，掌管图书资料，设有典籍厅，就是现在的图书馆。掌馔 2 人，即厨师，负责师生伙食。国子监的学生称监生，分两类：官生和民生，品官子弟为官生，民间优秀人士入监者称民生。

南京国子监规模宏大，学舍 2 千余间，藏书楼 14 间，洪武年间监生多达 8 千多人。监内纪律极严，学生不得议论时政，不得组织任何团体。监生分六堂肄业，通常需 4 年，在一年之内积满 8

分者为及格，可派任官职，不及格者仍坐堂肄业。明初因需要大量官员，监生授官没有严格的规定，偶尔有布政使、按察使、参政、参议、佥事、给事中等，最普通的担任知府、知县及地方学官。在监时，朱元璋经常派他们出去负责参与清理田赋，清查黄册，督修水利等事宜，用这些差事来训练未来的官吏。

洪武二年（1369）十月向中书省发出谕令，强调：治国之要，教化为先，教化之道，学校为本，京师虽有大学，而天下学校未兴建，现在要求各郡、县都要办学校，礼延师儒。在洪武谕令的推动下，各地纷纷办起了学校。

地方府、州、县学通称儒学，当时全国的府、州、县共设儒学1579所，可见明代学校之盛。府学学生为40人，州学30人，县学20人。一所府学有教授一人，训导四人。州学有学正一人，训导三人。县学有教谕一人，训导二人。教授、学正和教谕是主讲教师，分别讲授儒学的经史课。训导讲授礼、律、书、乐、射、算等课。学生须通过考试，然后入学，成为生员，俗称秀才。生活费用亦同国子监由政府负担，生员不能直接做官。如做官须经府、州、县学选送入国子监方可以。但年资久长者，可定期送国子监深造，称贡生，也可参加科举考试，以获取举人、进士等身份。由此可见，明代学校已形成了初级到高等的升学制度。

后来，在没设儒学的边远地区，都设立卫学，使武臣子弟也有入学读书的机会。同时在各地设立社学，以教育民间子弟。

国子监的教学内容，即课程设置，通常是"四书""五经"，兼读刘向的《说苑》及明朝的《律令》，《御制大诰》《大明律令》是必修课，要求学生熟读、讲解还能应试。而对书中内容有悖于大明统治的予以取消或删减，如"四书""五经"中拿掉

《战国策》，《孟子》删去"尽心篇"中的"民为贵，社稷次之，君为轻"以及《万章篇》中"君有大过则练，反复之而不听则易位"等语录，前后有 85 条不合乎朱氏的封建专制统治的语录被删除，只留下 170 余条作教材，称为《孟子节义》。专讲帝王治国之道的刘向的《说苑》理所当然列为功课之一。

此外还颁布学规，从祭酒到属官的礼节法，博士、教师、生员等各类人士的职责都有明确规定；同时又颁行了 12 条《学校禁例》，将刻成卧碑放在国子监内以示警告。对教官、校长也决不放过。第一任国子学博士和祭酒的名字叫许存仁，在明太祖幕府十年，旧臣，只因朱元璋登基时告假回家犯了忌讳而被逮，死于狱中。

办学的关键是教师，朱元璋对此有非常清醒的认识。在洪武六年正月，针对礼部奏请增加国子生的要求，朱元璋强调说有优秀的学生，没有模范教师，学生也难以成才。所以，务必要求有教养的教师。

在教师中，朱元璋尤其重视领导和管理学校的祭酒、司业。提出"师道严，而后模范正，师道不立，则教化不行。"然而洪武朝担任过祭酒的几个人多数不合其心意，他们也很少善终。洪武十六年正月，宋讷出任祭酒，"讷性持重，学问渊博"，前此编过书，当过国子助教。破格升为翰林学士，改文渊阁大学士，颇受朱元璋青睐。任命为祭酒。当时功臣子弟及岁贡生员数千人在校，宋讷为之"严立学规，终日端坐讲解，从不荒废时光，夜间常常住在学舍"。洪武二十三年卒于任上，朱元璋亲自为文祭之。

从学校培养出来的人，最基本的前途就是做官，走传统的"学而优则仕"之路。有些是定期参加科举考试，成批做官，也有单人随时被选拔做官的。朱元璋一次微行私访，到了里市内，遇到国子监的某监生正入酒馆。朱元璋客气地问："先生亦到酒家一饮吗？"回答："走到此地，聊寄小食而已。"于是二人同入，当时正巧客满无座，只有供土地神的桌子尚有空位。朱元璋把土地神像放在地上说："神姑让我坐。"就这样与某生对席。问其乡里，回答："四川重庆府人。"朱元璋就此说出："千里为重，重水重山重庆府。"某生也回应说："一人成大，大邦大国大明君。"又举桌上小木请某生赋诗，以喻其志，某生便做诗说："寸木原从斧削成，每于低处立功名。他时若得台端用，要与人间治不平。"朱元璋暗自高兴，顺手掏出钱来付给酒家，相别而去，某生不知此人就是大明君。第二天，忽然来信指名召某生入朝谒见皇帝，某生茫然不知所措。及至，朱元璋笑说："秀才想起来昨天与天子对席了吗？"某生马上请罪。朱元璋又问："你想登台端吗？"于是任命为按察使。这一佳话使金陵（南京）民家从此形成供土地神的风俗。这个故事正好说明，当官是国子监的监生追求的目标，朱元璋又随时任命监生出来当官。

国子监的毕业生可直接作官，或再通过考试做官。从明初到朱元璋晚年，明王朝一直从国子监遴选各级官吏，州县地方官员更是大量任用。由于明朝对兴办学校的重视，各级学校普遍设立起来，政府又从其中选拔人才推为官吏，因此，入学读书的人也很踊跃。同时，政府尊重、优待教师（教官），教官也能获得给事、御史的职位，这样任职的办法也带动了教育的扩大与发展。

朱元璋大兴学校，既培养、选就了大批人才，满足了明朝统治的需要，也促进了社会文化的进步。不仅在内地，就在边疆地区如辽东，偏远的陕西也都设儒学。甚至不设学的少数民族地区，政府也令土官子弟入内地学校，可见教育被重视的程度。《明史》

上称赞明代学校之盛，远远超过唐宋时期。"学而优则仕"之路，是入学培养造就官吏人才的首选，也就是说学校是做官的必由之路。有些人是通过定期考试走上仕途的，也有的人是随时被选拔当官的，有实例，虽是经演绎，但可以说明问题。

2. 开科取士

洪武三年（1370），明朝政府正式设立科举制度。为此，朱元璋下了一道诏书，其中指出，设科考试期望得以全才，任官惟贤，这样方可有效的治国。如何录取呢？规定：以八股文取士，以"四书"、"五经"命题。文章要略仿宋代朱熹的集注（经义）为依据，行文须用古人语气书写，文章要依据前人的思想和经典注疏来发挥。文章格式由"破题""承题""起讲""题比""起股""中股""后股""束股"等八部分组成。其中最后四股为正文，每部分用正反两股对偶的格式论述，共为八股，故称"八股文"，或称"八比文"，亦称时文，通称制义。

考试的程序：分三级进行，三年一大比。第一步州县级，童生（未入学的士子）在州县考试，考中者成为"秀才"或"诸生"，就取得进下一级考试的资格；第二步省级，应试的诸生参加省级考试，叫"乡试"，中试者称为"举人"，第三步为京师级或中央级，举人赴京师参加考试，叫作"会试"，由礼部主持。会试第一名称会元，中试者皇帝亲自在朝廷进行测试，叫作廷试或"殿试"，后者仅是一种形式，说明皇帝的权威，最终的决定权是在皇帝手中。考中者分三甲，作为考第名次。一甲只取三名，依次称为状元、榜眼、探花，统名为"赐进士及第"，二甲人数不定，叫"赐进士出身"，三甲人数也不定，叫"赐同进士出身"。

二、三甲第一者为"传胪"。以上这些考中者，即各级别的进士，统统都被任命为官吏，如状元授修撰，榜眼、探花授编修，其他二、三甲选为庶吉士，也都授翰林官，其余进士或授给事中、御史、主事、中书、行人，太常、国事博士等，再往下授府推官以及知州、知县等官。

科举实行以来，朱元璋就察觉出其有不如意之处，譬如科举入选者多为"后生少年"，无办事经验，能担当其大事者很少，解决实际问题的能力差，特别是学与用脱节，世人对该科举选官褒贬不一。他批评过的汉唐以来的科举弊端又重犯了。所以洪武六年，宣布"察举"停罢科举，一停就是十年。到洪武十五年八月，又下诏恢复科举制，并以三年举行一次为定制。另规定子、午、卯、酉年为乡试，辰、戌、丑、未年为会试。乡试第二年是礼部会试。在朱元璋的推动下，明代科举制不但继续实行，而且不断完善。洪武十七年三月初一，命礼部颁行科举成式，以后成为定制，其中的规定也有新的更为完善、更符合实际的。应试者如举人则为国子监学生及府州县学生员之成者，儒士之未仕者，官之未入流者，而且由司荐举，性资敦厚，文行可称者都可做官。

洪武十八年三月初一，在奉天殿朱元璋亲自进行策试，廷对的举子达 472 人，丁显被录取为第一名。三天后，朱元璋再次至奉天殿，当场传制唱名，举人皆给帽、笏、大带、朝服，当场封官。礼部捧皇榜在大街上公之于众。然后在会同馆设宴款待诸进士。应天府以仪仗送状元回家。次日诸进士到国子监孔庙，行释菜礼；再日，给皇帝上表谢恩，并得到皇帝的赏赐。看来科举当选对文人来说，实是一幸事，既威风又光荣。

总之，明代的科举较之旧制有些特点，其一进士能入翰林是前所未有的；其二进士之为庶吉士，亦自此开始；其三凡在六部、都察院、通政司、大理寺等衙门者，亦称进士。这样让进士在各个部门观政，或者叫锻炼吧，就称为观政进士，这也是明朝首创。从以上特点看出，科举出身的状元进士们得到了很高的荣誉，鼓励读书人走当官为宦的道路。有了"观政"的考察环节，使他们不用马上负起重任，官方又可量才而用，岂不是对双方都有益。

用科举制选用官吏，是一种基本的方法和途径。当时还有荐举和国子监（学校）培养，也是一种途径。明代科举选官不断完善，其后二十一年、二十四年、二十七年、三十年所举行的廷试、殿试，使一批批举子登科，进入仕途，而使荐举渐渐被轻视和冷落，时间久了就废而不用了。

3. 尊祀孔子

朱元璋从宗教范畴的角度，对儒、佛、道三大教进行了审视。认为孔子所创的儒教，讲伦理纲常，追随者可以探究其旨趣，而真正能做到像孔夫子那样的人是很难的；而佛教、道教的信徒虽众，但却不知其渊源及从何而至。对于国家的作用，朱元璋认为三个教派各不相同，而唯独儒者，凡有国家存在，是不可没有的，是"万世帝王之师"，可见，朱元璋是尊孔的。

明朝建立后，洪武元年先是下诏在国子学内，在太牢奉祀孔夫子，并派使臣赴山东曲阜阙里向孔子致祭。朱元璋接见孔氏55世孙孔克坚，并赐宅一区马一匹，月给米20石，给予"养知以禄，而不任之事"的特优礼。遂下诏正式以孔子56代孙孔希学袭封衍圣公，改前朝赐四品为三品，特进二品，赐以银印。并下令全国通祀孔子，下诏免除山东阙里孔氏子孙26户徭役，下诏废除褚神封号，惟孔子封爵仍旧。应衍圣公孔希学的请求，下令修缮孔子庙堂。包括堂内用品、法服。其先世遗留的田产，凡荒芜者，全部免其赋税。

洪武十五年，朱元璋下诏全国通祀孔子。同一年，新建国学落成，朱元璋亲自拜竭先师孔子，行隆重的释菜礼，后又向全国各地方学堂颁布了释奠先师孔子的议注。洪武十七年，朱元璋在华盖殿接见孔子 57 代孙孔讷，诏讷袭封衍圣公，以代替其父孔希学的爵位。

从发展趋势上看，朱元璋对孔子的尊崇是很重视的，如祭孔都要求正官主祭，有布政司的地方则以布政司官，府县则以本学儒官或老成的名儒担任。起初国子学由祭酒主祭，后来派翰林院官，但新上任的祭酒必须亲至一祭。

洪武三十年，朱元璋又嫌国子监的孔子庙不够宏伟，自行规划，做了改建。更主要的是，朱元璋积极地提倡和宣传学习儒家的经典，运用儒家的思想理论，维护大明帝国，使其长治久安。

4. 著书立说

朱元璋的著书立说，有自著，有敕撰，数量相当多。历代帝王无不受人吹捧"乃武乃文"，朱元璋也不例外，明初著名学者们认为他也是一位"兼全文武者"。朱元璋学历很浅，他参加红巾军前，进学校读书的时间很短，参加红巾军一直到建国，再未曾进过校门。朱元璋是位喜欢读书的将领和帝王，已是军内外尽人皆知，他发自肺腑地说过，每次读书都感到非常有益，书中有日常生活中用之不尽的道理。历史上有人曾说朱元璋的个人经历很像汉高祖刘邦，他行事也多仿汉刘邦。在灭了陈友谅之后，朱元璋发奋读了《汉书》。朱元璋在戎马征途中，每占一地注意向名儒学士请教，一同讲经论史，既增长了学问，又加深了政治素养。其中有些人为他讲述典籍也帮助他完成了诸多著述。

攻占应天府后第四年，正是如日中天的朱元璋，深知名儒学士对他建国之业的重要，遂聘请刘基、宋濂、叶琛、章溢等四先生到建康（南京），并在自己住处的西侧建"礼贤馆"供他们使用。这四位先生确实为朱元璋的伟业付出了巨大的精力，并对朱元璋的著述成书，起了不小的作用。刘基为朱元璋出谋划策，参与文字撰述；宋濂是久负盛名的五经通，曾被受召为朱元璋讲《春秋左氏传》，告诫他注意《尚书》、二《典》（尧典、舜典）、三《谟》（大禹谟、皋陶谟、益稷），这是帝王治国的经典大法；还建议朱元璋读《大学衍行》。他在朱元璋身旁二十年，对其著书立说，做出了莫大的贡献。

《御制文集》即《明太祖集》20卷，基本上是一个选集，其中体裁多样，包括论、记、诏、序、诗、文等等，内容广泛，涉及政治、经济、民族、宗教、文化、对外关系等无所不包。它收载了从领导反元农民起义到建立明朝以后各个时期的朱元璋的著述687篇。最初由宋濂和翰林学士乐韶凤编录的，刘基、宋濂为之写序和后记。后在宋濂68岁退休时，特赐给宋濂《御制文集》，该文集反映了朱元璋个人生平及其当时社会大变化及其斗争的史实。

收入文集的《皇陵碑》，是朱元璋自撰的为后世子孙警戒之用的心得，也是研究其家世的第一手资料。《纪梦》全文重点是回忆当初反元起义时的求神问卜，说梦不多，此书可与《皇陵碑》互为印证。《设论文》，用比喻的手法教育人们懂得是非曲直，不要使"恻隐仁心颠倒而用"。《省顽文》，以古代贤与愚、清与浊、善与恶，说明是非要分明。而当今任职官员却都混在一起了，不是他们不知二者之区别，而是没有研究和体验到。不具备这一素养导致"贤善之性日消而不立，执迷之情日生而愈坚"。书中呼吁像古人那样，"以卑而致高，以愚而致贤，舍此而取彼，守亏而致安"。

《祖训录》，前后花费了6年的时间编成。以艰难创业，化家为国的宗旨，教育后代永远遵守先辈立下的规矩；把维护大明的基业，作为祖训坚持下去。简言之，就是让子孙后代知道江山来之不易，定要知道守业。朱元璋下令把此书向诸王颁布，并写在皇宫走廊的墙壁上。群臣引经据典，颇赞扬此举。

《昭鉴录》与上书几乎同时下令编写的，朱元璋亲自作序。其内容是收集汉、唐以来藩王的事迹，取其善恶可为戒鉴者，集中起来，使诸子常朝夕能引以为戒，如其中提出"一饮食教之节，一服用教之俭，一举动戒其轻，一言笑戒其妄。"并以身作则说服教育诸子，要知道人民的饥寒，曾使诸子也要少许忍耐饥寒；要知道人民的勤劳，使诸子也要从事少量的劳动。后来在书中他还以族孙朱守谦"不法"之罪过，后被废为庶人为例教训诸子。

《御制资世通训》是朱元璋自著，洪武八年成书，共14章。编书的目的是在教育世人，从人君者到臣民，都要遵守各自的规矩来做事，不要僭越。首君道，次臣道，其余为民用、士用、工用、商用等。在"序"中，朱元璋讲述了幼年无资求师的情节，为一般记载所没有。

《洪武正韵》，是朱元璋敕谕翰林侍讲学士乐韶凤、宋濂等人编的一部音韵学著作。此书编辑反映了要求文字音韵统一的趋势，明成祖朱棣编辑《永乐大典》时即以此韵律为准分类，对邻国朝鲜编撰有关音韵方面的书，产生了积极的影响。

《华夷译语》，这也是一本敕撰，是为适应汉蒙往来关系频繁的形势而编辑的，是一部汉译蒙的"汉蒙语言辞典"。参考了"元秘史"等书，内容凡天文、地理、人事、物类、器用、时令、花木、鸟兽、宫室、衣服、饮食、珍宝、人物、声色、数目、身体、方隅、通用等等各门类，以汉语作目，用汉字拼音的蒙语翻译。其意义在"自是使臣往复朔漠，皆能通达其情。"方便了汉蒙往来的使者。

朱元璋的著书中，有的书虽非自著，如敕撰诸书，但它充分体现了朱元璋个人的意志和思想。如《元史》的敕修，宋濂等人正是依据朱元璋的叮咛，表现了大明的奉天承运，济世安民，建万世之丕图阁，绍百王之正统；而于《元史》本身，正是说明国可灭，而史不当灭。引朱元璋的话说，评论要公正，文词不能艰深，事实务清楚明白，真实善恶使人一目了然，扬善惩恶有益于教育人。事实证明，朱元璋对《元史》的修撰在中国历史上有重大意义和影响。

十一、选贤与纳谏

1. 选贤任能

自反元起义，经战胜群雄到建立明朝，朱元璋认识到，这些过程成功的实践，并非他个人之力所能完成的，在诸多因素中，来自各方面的"英贤"辅助是不可或缺的。因此，他得出结论："举人贤才，立国之本"。

朱元璋自从崭露头角开始，身边就集中了各种贤能人才为他出谋划策，使其如虎添翼取得节节胜利，直至成为一国之尊。其中有文臣武将也有耆儒学士，著名的武将首推是徐达。朱元璋还在郭子兴门下时曾选了24人准备从濠州南略定远，徐达是其中的第一人，小朱元璋3岁。众多同辈人中徐达则惟独崇拜的是朱元璋，认为他最有前途。而元璋视徐达为"大器"，是个超众的人才。徐达听从朱元璋调遣，南征北战配合默契，屡立战功。攻占集庆，以及北伐攻大都，徐达率军一马当先，对战胜敌人起了决定性作用。尤其在对张士诚开战的决策上，徐达显示出深思熟虑，谋略智高一筹。朱元璋召集中书省及大都督府诸臣问计，右相国李善长以张士诚兵力未衰，认为应缓攻打。徐达则说："张氏骄横，暴珍奢侈，即极端奢侈，吕珍之辈也属骄横，欺男霸女贪婪钱财之徒，不足数，并不可畏。张氏当朝任要职的黄（敬夫）、蔡（彦夫）、叶（德新）等三参军，都是迂阔书生不关注国政大事，百姓恨透了他们。而我方兵力精锐，公示敌方的罪行再去讨伐，打败张氏是指日可待的。"朱元璋听后，认为言之有理，决定立即出兵讨伐张士诚。

明朝建立后，徐达因为战功卓绝官至太傅、中书右丞相、征虏大将军，封信国公。实际上徐达始终在战事第一线，他善于抚循士卒，与部下同甘共苦，战士则以感恩效死，因此每战必克，其战绩辉煌。克敌后，地方秩序井然，民不苦兵。个人生活一贯俭朴，归朝之日，单车就舍，坦然自如，朱元璋对其称赞"受命而出，成功而旋，不矜不伐，妇女无所爱，财宝无所取，中正无疵，昭明乎日月，大将军一人而已。"最难打的战役，朱元璋首选人员就是徐达，攻常州，克宁国，消灭陈友谅的战役，徐达都不辱使命。在军中威信极高，言简虑精，令出不二，诸将绝对服从，奉持凛凛，惟在朱元璋面前言听计从。

常遇春，怀远人，早在渡江之前的至正十五年（1355）四月，投奔朱元璋起义军的。《明史·常遇春传》写他"貌奇伟，勇力绝人，猿臂善射"。在战胜陈、张的征战中，他与徐达协同作战，为其副手而闻名军中。常遇春勇敢善战，自己说能将十万众，横行天下，因此又有"常十万"的美称。被朱元璋称之为"长城之将"。可见常遇春是一位难得的人才，为朱元璋打天下立下了汗马功劳。

李文忠，朱元璋的亲外甥，自十二岁丧母后，即在朱家，抚之如子。自幼"教以文艺，习以弓马"，练就一身好武功，骁勇征战，在诸将领中也首屈一指，在军中深得军士爱戴。遇春亡后，受命统领常军，成为明初的主将之一。与徐达、傅友德、沐英共同北征西讨。洪武三年（1370）因功被授以大都督府左都督，封曹国公同知军国事。洪武十七年病卒。

冯国用、冯国胜，定远人，兄弟二人在反元大起义之初即归附朱元璋，很快受到信任。国胜喜读书，通法，以雄勇多谋略闻名于军中。其兄卒后，袭其职为亲军都指挥使，位于徐达、常遇春之下，受命为征虏大将军出征纳哈出。后因多次私藏良马案被告发，朱元璋收其大将军印。国用生前深得朱元璋重用，当问起"天下大计"定都之事，国用肯定的回答："金陵龙蟠虎踞，帝王之都，先拔之以为根本。然后四出征战，倡仁义，收仁心，勿贪子女玉帛，天下不足定也。"朱元璋闻后大悦，安排他到幕府居住。

邓愈，虹县人（安徽泗水），领军每战冲锋陷阵，军中都很佩服他有勇有谋，善于安抚投诚的将军。28岁任江西行省右丞，与李文忠同为军中年轻的"早贵"。吴元年建御史台，任命为右御史大夫，主持台事。洪武元年，兼太子谕德。军中仍为征戍将军、征虏左副将军领兵征略中原，出战西北，五年继为征南将军，十年以征西将军进军川藏，打通贡道，并留兵戍守。后卒于途中。

汤和，与朱元璋同乡的老将。早在朱元璋南征定远时，选定24人中之一。洪武元年继以征南将军，讨方国珍，捉拿陈友定，平定浙东，占福建延平侯，因功封中山侯。洪武四年拜征西将军，入重庆，降明升。十一年进信国公，十八年告老还乡，朱元璋赐钞治第于凤阳安家。不久，倭寇海上。朱元璋又请他出征，他和方鸣谦共同在山东、江苏以及浙东、浙西经营，并在沿海选用壮丁 3.5 万人筑建军事据点卫所城 59 座，第二年完工。洪武二十年（1387）在闽中亦于沿海建卫所城 16 座。此举虽苦了州县百姓及损失了财政，但后来在防倭抗倭上，所建工程却发挥了积极作用。晚年家居十余载，与政治风险无关，寿终 70 岁。

2. 求言纳谏

朱元璋很注意军纪，虚心求言纳谏，整饬军队士兵的纪律，以保证军队的战斗力。如在克和州时，军纪败坏，激起当地百姓的不满，朱元璋很恼怒，范常对他说"得一城而使人肝脑涂地且杀人，何以成大事？"朱元璋立即责令诸将整顿军纪，放还被掠的妇女，因此百姓很高兴，自然就拥护他们了。又一例，朱元璋攻下徽州后，问起古之有成就的帝王，平天下用什么办法呢？当地耆儒唐仲实，诚恳的回答说，他们"皆以不嗜杀人，故能定天下于一"。当然，这里"杀人"指的是不杀无辜百姓，而非战场上的厮杀。

明朝建立后，统治范围扩大了，地广事繁，万机待理。如何在世间纷纭新的争斗中，掌握取得胜利的"天下大计"，招贤纳谏为新政出谋划策则是当务之急。朱元璋用各种方式求贤，如颁发求贤诏令，派使者分行全国各地访求贤才，惟求贤才以治其民。用人就是用其所能，文臣儒士也要在新王朝发挥才智，贡献所能。朱元璋任用陶安，恰好说明这一问题。陶安系当涂人，是较早归附朱元璋的。先被命翰林院学士、礼仪总裁官，与李善长、刘基删定律令。明建国后为知制诰兼修国史，他提出"丧乱之源，由于骄侈"，很受朱元璋重视。陶安侍帝十几年，为国朝提出许多可行之谋略，深得朱元璋赞赏，赐其御制门帖称："国朝谋略无双士，翰苑文章第一家"。陶安对定都南京的建议，被朱元璋称"善"，他说："金陵古帝王都，取而有之，抚形胜以临四方，何向不克。"后被采纳。洪武元年，派陶安上任江西行省参政，开始陶安恐不胜任，拒之。朱元璋指出，当今是承统宣化，及儒生之事，非武夫所能。朕之用人，用其所能，不强其所不能。陶安听罢，顿省受命。陶安上任后，发挥其才学，使得"政绩益著"。

文臣中投奔早又在明建国后为朱元璋重用者，应首推李善长。还在至正十四年七月，朱元璋领兵进发滁阳时，善长半路来奔。当时40岁，定远人，里中长者，少时读书有智慧有谋略，熟知法家理论，策事多中略事准确，朱元璋很看重他，备受青睐。当时曾问他：四方战斗何时定乎？是他首次告诉朱元璋，要效法布衣起家的汉高祖，豁达大度，知人善任，依其所作所为，就能定天下。朱元璋很受益，激发了他的雄心，对其事业产生了深远影响。朱元璋为吴王时，拜其为右相国（当时尚右为大），善长知识渊博，裁决果断，又娴辞令，讨陈伐张的檄文多出自他的手笔；朱元璋称帝追封、册立皆由他充任大礼使；改官制、修法律也以善长奏定。洪武三年被封为开国辅运推诚守正文臣、特进光禄大夫、左柱国、太师、中书左丞相，封韩国公，是六公之首，称堪比汉相萧何，赞美备至。九年，子祺娶临安公主。同时也受命与李文忠同议军国大事。

朱升，休宁人，徽州耆儒。还是在军事上进展很顺利、朱元璋尚未建立江南政权时，就向朱元璋提出："高筑墙，广积粮，缓称王"的建议，朱元璋很高兴接受了，并成了在一定时期所奉行的基本方针。可见纳者虚心，谏者诚意，就有可行的好主意。

刘基、宋濂、叶琛、章溢等四名士，亦称四先生，是在明建国前召至应天的。刘基又名刘伯温，青石人，博经通史，尤精"象纬"之学，即天象学，人们视其为三国中之诸葛亮似的高人。自来到朱门下，为朱元璋出了许多有价值的策略。明朝建立时，57岁的刘基任御史中丞兼太史令。在制定法律、军制、官制等方面皆有刘基参与和定论。他为人谦虚，心胸宽厚。在用人上他有卓越的见解，至今传为经典。譬如当朱元璋欲任其为相时他很有自知之明说自己不能，好比自己是小木一块，"难当大木（相）之任"。明朝建立之初，在选择相的人选上，有他独到的看法，事实证明，他的见解是正确的。可惜这些看法并没有完全被朱元璋接受。杨宪、汪广洋、胡惟庸三人依次被任用，而均以失败告终。验证了刘基的识人之真知灼见。在与陈友谅、张士诚交战的问题上，先打谁，怎么打，朱元璋因凡事都要听取刘基的意见，几乎是言听计从，刘分析了周围的形势，决议先打陈友谅。在打江山又怎样坐江山的问题上，四先生曾对朱元璋提出许多建议，刘基通过《时务十八策》讲明：谁能遵行褒善贬恶，赏罚适中，谁就是天下可定之人了。

宋濂，字景濂，浦江人，东南名流，尤以文化见长。与刘基同时被召至应天，比刘基大1岁，充当朱元璋顾问。朱元璋最为满意的是教授皇太子，孝友敬恭，进德修业。他教授太子十余年，凡一言一行，皆以礼法规劝，有关国之兴亡大事，必拱手相告：应该这样（当如是），不应当那样（不当如彼），皇太子都认真照办。朱元璋问帝王之学，何书为最好，宋濂举出《大学衍义》，于是命人用大字写出来，贴在宫殿两厢走廊的墙上，有时还请他给诸大臣讲析。宋濂借讲《春秋左氏传》《尚书》宣称其中大经大法说：假如能遵照执行，赏罚适中，天下可平安。说：人主真诚以礼义治心（开导思想），则荒谬邪说立不住；以学校教化百姓，则祸乱不会泛滥，所以刑罚未必先发制人。宋濂历任官职不高，主要发挥其学术专长。明建国后，诏修《元史》，宋濂充总裁官。朱元璋召四方儒士数十人为编修，入宫中文华堂研习受训，命濂为师。欲任他以政事，百般推辞。关于宫中之事，从不多言。朱元璋认为他最讲实话，不评论群臣的好坏，处世很公道。其被推为明朝开国文臣之首，是褒其在文化学术上的贡献，无与伦比，四方学士均称其为太史令。命撰修《元史》的同时修国史，参与制定礼乐诸书，著有《宋学士全集》《孝经新说》等。他的著作、文章，都被国内士大夫、外国贡使争相出资收存。

章溢，龙泉人（浙江龙泉），博学多才。溢以儒臣为按察副使。洪武元年，与刘基同拜御史中丞兼赞善大夫。当时廷臣为符合朱元璋心意，政策主张严苛，而他独持大体反对。曾对朱元璋直言，只要不滥杀无辜，四海方能太平。被朱元璋重视。因过世为早，未及发挥更多作用。

高原侃，时为监察御史。洪武元年末，看到京城的风俗欠佳，提出建议说：京师人民，还按元朝习俗生活，凡有丧葬之事，设宴会亲友，作乐娱尸，流俗之坏至此，注重饭菜的好坏，没有一点亲戚悲痛的感情。并说京师是天下之榜样，照此下去，百姓都这样做，实在不可，请求皇市禁止，以厚风化。朱元璋肯定了他的建议，并令礼官定官民丧服之制。

朱元璋在推行求贤纳谏的同时，也采取奖励提拔的政策，一些地方官吏得到升迁。如太原府繁峙县主簿虞文采上言揭发山西行省并按察司官吏干了许多恶事，经核查无误，虞文采得到奖励，被提升为大同府知府，朱元璋称赞"文采职居下僚，能不避权势，举言其非，可嘉也。"因建言上书被采纳者，不止于此例。朱元璋这时已认识到，君听不听谏言，臣能不能谏言，是关系国家的存亡问题。他告诫群臣说，人君深居高位，就怕受阻，听不到看不见外界事物。若有忠谏之士，毫无隐讳的谏言，君的威信会日增，允为贤明，天下会长治久安。反之，若昏庸之主，拒绝纳谏，疏于治理，必然导致亡国。

可是原来的文臣武将，一是数量不多，一是可用之人年事已高，因此，朱元璋发出呼吁，要求以各种方式广举人才。朱元璋曾在徐达攻下山东时，命他在各州郡，访取贤才以及有过作官经历的，目前赋闲在家，有愿者带到应天。不料此诏刚一发布，就引起曾在元朝出仕为官之人惊慌失措一片混乱，于是朱元璋命各中书省，张贴安民告示，说明所征者听其自便。后来，又进一步申明求贤的渴望，现今天下刚刚稳定，愿与诸儒士，以贤辅助我，以德济民。一年之中三番五次诏令求贤，很恳切说："世有贤才，国之宝也"；皇帝能有好的政策治理国家，是因有贤才帮助，所以招贤者为辅助朝廷治国。经过三年的努力，确实推举了一些有文化、德行优秀的人才，礼送京师。

朱元璋同时又采取了开科取士的办法，广泛招徕人才，经过考试，按条件选拔。为此，洪武三年，朱元璋下了一道很诚恳的诏书："设科取士，期必得于全才。任官惟贤，庶可成于治道"，说的是通过科举得到人才，做一个贤能的官，治国有方造福于民。第二年，经过会试取中 120 名。朱元璋亲自在奉天殿策试，最后擢吴伯宗为第一名状元，授官为礼部员外郎。这是明朝首次开科取士的成绩。

朱元璋很明确，用人就是用其所能，也是广招贤才的目的。

洪武十二年全国博学老成之士，应诏都到京师。朱元璋对礼部大臣说，治理国家，就好比盖大厦，不是一木所成，必须聚众才，方有成就。国家也一样不是一个人能治理得了，必须选贤而后治，国家得宝，不如获得一贤才。而一些博学老成之士，从不应招，皆是匿德藏光，宁肯贫穷，也不肯轻易出山。而今经精心挑选，礼送于朝。在当年，吏部奏报任命的官员达2908人，全国所举荐的儒士人才553人。

尽管朱元璋对谏言一般采取了鼓励态度，但仍不是完全如此。更有因建言而受到严厉斥责的。尤其是后期，朱元璋当政久之，产生狂妄傲慢、多疑，对求言纳谏与当初的态度明显不同，不再是"嘉纳其言"，而是出现了震惊言者得罪的悲剧。

3. 谏言者得罪

为了鼓励臣民的进谏，在洪武九年（1376）闰九月，特意发了一份"求言诏"，下诏求言。诏书明确提出允许直接批评朱元璋本人之过失。由于朱元璋有17年的奋斗历程和9年处于统治权的顶峰，当然臣民可要说的话不少。但诏书中也指出，谏言者有忠者仁人之心的贤人君子，也有假公营私者的区别。谏言者亦并非毫无顾虑，或对后果有所准备。事实证明，过去曾屡次求言，谏言者确有得罪的。但是下诏后，响应者毕竟不乏其人。仅举几例。

例一，叶伯巨，宁海人，通经术，时为陕西平遥县训导，应诏上书，结果却遭遇极惨。上万言书中批评皇帝"分封太侈"，"用刑太繁"，"求治太速"。首先，指出列土分封，使秦、晋、燕、齐、梁、楚、吴、蜀诸国，无不连邑数十，城郭宫室亚于天子之都，加上以甲兵卫士之盛，恐怕数年之后，尾大不掉；若削其地而夺之权，则必引起不满意，甚至乘机而起，防都来不及。借鉴历史，在诸王未赴国之先，节其都邑之制，减其卫兵，限其疆域，以待封诸王之子孙。其次，从历史上来看，没有不凭着"德"来取得民心的，若仅靠刑法治国会失去民心。国家命运长短也决定于此，凡事姑息，赏罚无章，导致灭亡。必须制定刑法，使政权有威严，人人都惧怕，子孙万代都遵守。他主张以德争取民心。第三，论述求治不可过急，国家兴盛不是一朝一夕可成之事。建国九年来，偃兵息民，天下大定，可以称为"治"了。可皇上仍不满足，认为民俗浇漓，人不知害怕，法出奸生，令下而诈起，一个人早晨还是可信的，而晚上就变成疑犯了；昨天进来的，今天就成为被杀者，天下百姓无所适从。他指出求治之道，最重要的是正风俗，正风俗之道莫先于守令知所务。使守令知所务，莫先于风宪知所重，使风宪知所重，莫先于朝廷知所尚，说的是朝廷有正确的政策，地方官更切实执行，社会才有好秩序好风气。

叶伯巨就当时国家大方针，既揭露出了问题所在，又提出了相应的对策，有理有据。然而此书一上，下诏求言的朱元璋勃然大怒，斥责说"这小子挑拨我和子孙的关系，快快逮来，我亲手射死他！"捉来以后，丞相趁朱元璋高兴时奏报，下了刑部大狱，最终死在了狱中。这是明朝因谏言坐牢而死的一个突出事例。其实朱元璋最愤恨他说的分封诸王一事，也是最担心的一事。到洪武末年，燕王强势已显露出来，直至经过"靖难之役"燕王兵取帝位，人们又重新想起叶伯巨的上书，若是听从他的劝导，就不会发生燕王夺位的家庭内讧了。

例二，茹太素，时任刑部主事，泽州人（山西晋城），平素就以刚直不阿著称。也应诏上万言书，直陈事务，朱元璋令中书郎中王敏读给他听。其中说到"有才能的人，数年来幸存者只有百分之一、二，而今当政者手下率领一些迂腐儒士，平凡世俗的官吏，能把国家治理好吗？"如此触犯了朱元璋的尊严，大怒，还没听完，就把茹太素在朝廷上杖打一顿。第二天晚上，又叫人在宫中念给他听。听后说，其中有四件事可行，只是文字太长，仅用五百字就可说明白了。茹太素被释放后，官由参政至户部尚书，仍然刚直不屈，几次濒于罪死，得到宽大。后来有一天，朱元璋举行便宴，赐他酒，吟诗道："金杯同汝饮，白刃不相饶"。太素磕头致谢，当即续韵回敬吟道："丹诚图报国，不避圣心焦。"朱元璋听了，不禁为之恻然，找借口把茹太素降职，最终还是借口犯法把他处死。与其说是吟诗引起朱元璋不悦，不如说是太素刚正直言，揭开了他的疮疤触到了其痛处，而使自己丧命。

郑士利，宁海人（浙江宁海）。兄郑士元刚直有才学，升为湖广按察司佥事，先因"空印案"受牵连下狱。全国各地许多官吏，连丞相御史都知道这是一起大冤案，都不敢说话。郑士利坚信此案是一大冤案，皇上不知真情，若讲出真相，皇上必有所悟。正恰遇下诏求言的消息，他一无反顾写了一份奏章，其中说了几件事，而以剖白空印案为最详细。写成后，自己预感到必死无疑，闭门谢客连哭数日。他的侄子问："叔叔为什么悲伤？"士利答道："我准备好了一份奏章，要递上去，如果触怒了天子，必将招来大祸，但是杀了我一个人，能救活几百人，我死了也无憾！"果真，奏章递上去后，朱元璋见书后大怒，让丞相、御史追查幕后指使者。士利毫无惧色，笑以答曰：我为了国家说了此事，自掂量了必死，谁会为我出主意？最后，虽没处死，但和其兄士元被流放到江浦，罚做终身劳役。

例三，排斥解缙也是朱元璋拒谏的一例。解缙，江西吉安人（吉水），18岁（时洪武二十一年）考中进士。解缙的父亲解开，曾经充当陈友谅的谋士，后劝说陈许多部下投奔朱元璋。洪武初年被荐受到朱元璋的重视，欲加官给解开，被拒绝，告辞归乡。因这一层关系，朱元璋对其子解缙"甚见爱重"，授予中书庶吉士，并让他随侍左右。一天，朱元璋命他书《试举今政所宜施者》，解缙当天就呈上万余言的密封奏章，批评朱元璋"数改"法令，用刑"太繁"；"进人不择于贤否，授职不量于重轻"；"起科之轻重无别"；"役重而民困"等等。用语很重，措词也很尖锐。朱元璋读后，未加问罪。此后，解缙又献《太平十策》，并代郎中王国用起草上书为因胡案受牵连被杀的李善长申冤，他也为其他蒙冤的人起草奏疏。朱元璋认为解缙缺少修养，到处替人喊冤叫屈，惹事生非。朱元璋把其父招来，叫他把儿子带回家"益进其学"，并叮嘱解缙回家好好读古贤人之书，再过十年重用。

　　朱元璋的拒谏还不止于此，大理寺卿李仕鲁上书，谏言劝皇帝崇儒辟佛，朱元璋大怒而令人将其摔死在台阶下。礼科给事中陈汶辉反对设僧录司、道录司，遭至怒斥，陈被迫投井自尽。进士吏科给事中王朴因直谏被罢官；又因当面与朱元璋辩是非，不肯屈服得罪了皇帝，被处死。后来把王朴作为诽谤罪之案例写进《大诰》。

　　朱元璋为何有时虚怀若谷纳谏，而有时又顽固地拒谏，我们作这样解释，朱元璋从起义到夺取全国政权，当上了大明王朝的皇帝，几乎没遭受到重大挫折和失败，因而逐渐形成过分自信和固执的脾气，妨碍他接受不同的意见。至于他拒谏杀人，完全是他为了朱家王朝的专制统治，即使是正确意见，若违背其加强专制统治的，他也不会采纳。

十二、勤政与慎好

1. 勤于政事

在历代帝王中，洪武帝朱元璋励精图治，勤政不懈与任何人相比都毫不逊色。他曾对群臣说过：我统一天下以来，事情繁杂，日决万机，不肯有一点疏忽。天下大事，能不尽心吗？我和大家共同管理，应当对每件事做到一个勤字！朱元璋有几个习惯是长年积累的，充分表明了他的勤政。一是每当要吃饭时，他想到了一件事儿，立刻拿出纸片记下来，然后挂到衣服上。有时想的事儿多了，纸片挂满衣裳，所谓"累累满身"，等上朝时，再一件一件去办。还有一个习惯是，凡是奏疏上达，他就命令左右的人把奏疏中的事情节录下来，粘到墙上，分清主次迅速处理，以致墙壁上的帖子一天更换几次。正是如此，朱元璋孜孜求治，成效可见。他自己的感受是，人君任何时候也不能滋长怠心。他曾有过这样的表白："我自即位以来，常常以勤政自勉，天不亮就临朝，要到下午五时以后才还宫。夜里还睡不安稳，就披衣而起，或仰观天象，见一星流失，立即心生忧虑警惕；或思考民事，或有应当迅速办理的，就依次按条笔记下来，等到天明时待处理。"

身在现位的大明皇帝，既不是向群臣诉苦，也不是无谓的宣扬个人，其目的很明确，即大家共同努力，以他为首勤求治理。他用《尚书》中的"功崇惟志，业广惟勤"的话来训谕群臣：我对你们说这些话，就是告诫群臣不要以为天下太平，就可寻欢作乐了。大腿骨懒惰，头脑瘫痪，百姓还靠谁呢？据文献记载，洪武十七年（1384）九月中旬以8天的一个统计，他平均每天要批阅20多万字的奏章，处理423件要事。可想而知，这等繁重的公务，朱元璋要付出多大的精力啊！

　　朱元璋的勤奋在称帝前就已显露出来，往往是通宵达旦听名儒讲史论经。当了皇帝后，更是不敢懈怠，日理万机，每天四更起床，天不亮临朝。正午罢朝时，稍有空闲就与诸儒士们谈史论政，到下午三点左右，又在朝堂听政，处理国家大事，直至黄昏掌灯时分，方才回宫。无论春夏秋冬，数十年如一日。有时身体不适，偶尔患病，他也要硬撑着或作暂短歇息，坚持临朝理政。

　　大凡勤奋的人，都反对怠惰且对其尤为厌恶。朱元璋常以前人为训，把勤政与怠惰和统治的兴废联系起来。他曾说："自古管理国家，勤勉可兴国，惰逸可废国。勤则成，怠则废；思则通，昏则窒。"又说："圣人起初和平常人是一样的。而平常之人不如圣人的原因，就是不勤奋不思考。每日孜孜思治，大禹才能治水大功告成；不饱食终日，致力于政事，文王才能开创一代周朝的帝业！后代人不勤于政事，上下终日吃喝玩乐，骄奢淫逸，不理政事，不体恤百姓疾苦，最后失去天下，不可不引以为戒啊！"

　　朱元璋还把"勤""惰"的道理及其后果，以故事的形式写成《勤惰说》一文，文中说："有勤、惰二人，即同乡又其志向相同，但未来入仕当官可做事大不一样。勤者为民时，家境丰厚，夜间读书，白天带着书本种田；惰者同为民，只是精研文学，其他不作，未暮而寝，日高才起，吃完饭念几行书本即悠悠然，自以为很清高。一天到勤者田里，劝他像自己一样，以待明君之用，勤者不听，说：'农、书惧不弃也'。又一天，国君听说二人皆为儒者之学，召至京城，各给官做，皆侍驾而朝。按着国君的要求和朝廷的规矩，每天须凌晨而起，待时招见，日暮而归，犹不能安寝。一旦做起事来，勤者容光焕发，反之惰者憔悴。再者君命勤者管水部，于是亲到现场，变害为利，筑堤固防，得到国君赞赏。反之惰者，管教种地，到了田里，不知如何操作，欲为民利，反成民害，受到了国君的责备。惰者决心要改正，请教勤者，说你平日所学比我简单，而用起来何以超过我呢？谁教你的？回答说，别无其他，不过根据经典所说：'顺天之道，因地之利'，你比我熟悉这些话，只是没有照之实行。惰者听了此言，明白了'博学而不能行，不如没有，学得少而专精可真妙'。这里告诉一个道理，读书要勤奋懂真谛，和实践结合起来，勤于思考"。本文不仅说明了勤奋的人，虽劳其精力终获成功，懒惰的人适得其反；国君勤于政事，奖勤惩懒，实际正是朱元璋的自我写照。

初建的明朝，朱元璋迫切地要通过他的努力实现繁荣富强，长治久安，勤政是其中一个要素，在政治上要呈现朝气蓬勃，摆脱旧王朝的陈规陋习，让明朝以崭新的面貌呈现在世人面前。他任用了许多老臣，但要求年老心不老。危素，这是一位元朝以来久负盛名、德高望重的名儒，明初年已70余岁，是翰林侍讲学士兼弘文馆学士，做了许多事，如撰《皇陵碑》，平日很受朱元璋的尊重。然而，一天他带着拖沓履声去见朱元璋，问及是谁时，他答曰："老臣危素！"当时朱元璋却显得满脸不高兴。办完事走后，朱元璋说他是亡国之臣，不宜在朝中当官，于是把危素贬到和州去守墓。此事既表明政治上的残酷，也看出危素人老、心老，与朱元璋励精图治的精神不太合拍。

有很多事实证明朱元璋身体并不特别健康，但即使有病，他也坚持亲自理政。早年有一次，他从建康冒着冰雪赴婺州，"感寒气，腹病不已。"医生严景明妙手回春，经过调治很快痊愈。为此，朱元璋写了"良医景明"四个大字，赐给了这位医生。后来，除了患病短暂休息外，朱元璋当政数十年坚持上朝理政。

2. 崇尚俭朴

朱元璋的俭朴，在穿戴上表现很明显。史书上记载，朱元璋一次走进东阁检查政事，正是夏天酷暑时节，汗湿透了衣衫。侍从们拿来衣服给他换穿，在场的人看见拿来的衣服都是经过多次洗过了的，没有一件新衣服，遂感动了在场的官员们。

不仅是皇帝本人，就是皇后在宫女内部也能带头节俭，穿洗濯之衣。朱元璋说这完全不是"故为矫饰"，而是惟恐浪费了天生之物，剥伤民财，所以不敢不谨慎从事。不仅如此，朱元璋对从劳动者身上抽取的这些物资都倍加珍视。据说某日，在内庭看见宫女把很少的一点丝线丢在地上时，立即召集所有的宫女前来，向他们说明生产这类蚕丝何等不易，责备她们不应无故丢失，从此立下规矩，今后有再犯者，定斩不饶。由这件事更可以看到朱元璋对凡是劳动人民用辛勤劳动生产出来的，都非常爱惜，所以他不放过对自己的诸子及身边的宫姬等人的教育。朱元璋还要求，宫中裁剪师把做衣服剩下的绸缎片，缝制成百纳被面，剩下丝绢布头，缝成衣服赐给王妃、公主。并告诉她们，桑蚕丝制成丝绸是何等费工费时的事儿。朱元璋还要求，包表笺是绣金龙的，要求宫人把金子清洗出来，积少成多，铸成金块。

对宫内的太监也不放过教育。洪武三年（1370）十月的一天，大雨如注，宫内遍地积水，两小太监穿着新靴子在水中行走，被朱元璋看见，立刻召到面前告诉他们，一双靴子的制作，百姓工匠要费好多功夫，不该如此糟蹋不知爱惜。遂命拖出打板子。

在饮食上，朱元璋最不喜欢大吃大喝，饮酒作乐。他能饮酒，但饮得很少，且有节制。曾有潞州派人进贡人参酒，太原岁进葡萄酒，西番少数民族酋长所造葡萄酒进献等都被拒绝，向他们说明中国自有秫米供酿造酒，何必以此劳民。明朝初建，全国多处遭灾，遇有父母忌辰，他不忘苦难日子，率领妻妾吃草根、野菜、粗饭，以示与百姓共苦。

朱元璋很注意以身垂范，他曾说过，珠玉非宝，节俭是宝。对于居住的地方，他从不挑剔。从攻下集庆路一直到称吴王，他一直住在元代南台御史衙门。至正二十六年（1366）修建皇宫时，他把那些雕琢奇丽的设计都去掉了，宫殿不多施彩绘；在宫妃住的地方，墙壁和屏风上，画的都是耕织图，太子东宫画的是朱元璋的身世及经历图；在处理国事的殿堂内，则书写治国平天下的经典谋略。朱元璋居室实用，殿堂不讲奢华，只求效果。

朱元璋出行用的舆辇服饰，以铜代金，取消奢侈，表现出爱惜百姓的膏血。朝廷官员为皇帝贺寿是封建王朝礼制的正常现象，朱元璋生日是阴历九月二十八日，这天被称为万寿节，按常规，百官要在正殿举行朝贺的礼仪。这件事，朱元璋一直不同意，一拖再拖，直到洪武十三年，他拗不过群臣，说定依朝中规矩办事的要求，才允许朝贺，这也是朱元璋的低调表现。

早在建国前，即至正二十四年（1364）平定陈友谅后，朱元璋称吴王。为讨好这位新吴王，江西行省把陈友谅曾用过的镂金床送到应天。朱元璋见后，对左右官员们说，你们可知五代十国时后蜀的孟昶有一个镶满宝石的夜壶吧，这镂金床与宝石夜壶有什么区别呢？一张床尚且如此，其他可想而知。陈氏夫子，穷奢极欲，哪能不亡！当场就把它毁了，并说：处在富贵地位，能抑制奢侈，注意节约，戒慎嗜欲，这还恐怕不能服众心！若用尽办法收罗天下财富，而满足个人欲望，还有不败的道理！

　　朱元璋很注意六朝败亡的教训，应天又是六朝短命王朝的都城。唐代诗人李山甫写的诗《上元怀古》，他让人书写在住处的屏风上，提醒自己："南朝天子爱风流，尽守江山不到头，总为战争收拾得，却因歌舞破除休。尧将道德终无敌，秦把金汤可自由。试问繁华何处在？雨花烟草石城秋"。朱元璋作为一朝的最高统治者，懂得以史为鉴，藉以治国。不仅如此，他让人抄录许多前人古训，放在宫中醒目之处，如《尚书·无逸篇》就抄在宫中的墙壁上，以便警示自己。

3. 勤学与诗作

　　先从画像说起。朱元璋曾召集画工为他画像，"传写御容"，很多人画过，他都不满意。一位聪明的画工从中悟出了朱元璋的本意，便在形似之外，加上"穆穆之容"，也就是基本形象相似之外，再加上威严的神态。成画后朱元璋见此极为高兴，并且下令按照这个样子，继续画了很多张。道理何在？原因在于朱元璋本人其貌不扬，近于丑，但他追求完美，让国人一看是个皇帝的样子，相貌上有了威慑的力量。朱元璋外表上这样要求完美，内在也是注意完美的。

确实如此，朱元璋少时聪颖，父母送他读书，但因家贫交不起学费，很快被迫辍学。元末的动荡又使他读书成了泡影。投奔军旅后，接触到耆儒贤士，他们引古论今，出谋划策，纵谈天下形势，知识之渊博，使朱元璋佩服至极，深感知识的重要，于是发奋读书，填补自己的缺损，他追求完美，也表现在此。建国前，他征战每到一地，会立即招揽贤能儒士留在身边，经常是通宵达旦与他们讲经论道，利用征战的间歇阶段，读书习字。他钦佩汉武帝雄才大略寻求遗书，六经才得以问世，汉唐才有繁荣。朱元璋攻下集庆后，便下令（诏）访求古今书籍收入内府，专供自己阅览。明王朝建立后，特意在京城奉天门东边，建筑了文渊阁，为藏诸子百家经典之用。他自己也经常抽空去那里读书，他还时常告诫周围大臣，要从万世之师孔子那里和百家之书中，寻求治国平天下的良策。

他请教宋濂，学习《春秋左传》；他让范祖幹为他讲述和分析《大学》的精华；命许存仁为他讲解《孟子》的要点；从陈南宾学习《尚书·洪范》，从中发现象纬运行与其他书传不同，为此后又自己撰写了《御注洪范》。终于功夫不负有心人，朱元璋勤奋刻苦、孜孜不倦的学习精神和态度，使他的学问才智大增。更可贵的是，他能把读书和实践结合起来，他把书中的知识、宝贵的经验与现实的戎马征战、治国方略和鸿图大志紧密地结合起来，他的学以致用令那些大儒学士赞佩不已、刮目相看，并不逊于昔日的先生们。宋濂曾描述他代朱元璋笔录文诰的情形，他说：皇上口述，如长江大河，一泻千里。皇帝自己亲笔写文诰诏书时，同样口若悬河，出口成章，使其手下的文臣自愧不如。

朱元璋亲自撰写的《御制皇陵碑》，据说全篇用韵脍炙人口，堪称杰作。他一生著述不少，诗作最多并表现出庞大胸怀及抱负，深为世人所瞩目。

如为后人推崇的《咏雪枝》："雪压竹枝低，虽低不着泥。明朝红日出，依旧与雪齐。"有人评论说，这首诗是朱元璋未称帝时的作品，却已表现出"帝王气象"。

《咏雪诗》："腊前三白旷无涯，知是天宫降六花。九曲河深凝底冻，张骞无处再乘槎。"此诗被视为统一鸿业的奠基之作。

《新雨诗》称："片云飞驾雨飞来，顷刻凭看遍九垓。槛外近聆新水响，遥空一碧见天开。"从中看出他在政治上励志维新的思想显露。

《接树》七律："老干将去伐火烧，从新接起旧枝条。虽然未历风霜苦，自是先沾而露饶。三四铁泥牢护足，二三皮篾紧缠腰。东君看顾归家后，分付儿童莫去摇。"诗作告诫地方官员在建国之初与农休息，要像爱护树木一样约己利人。

另一首《咏菊花》："百花发时我不发，我若发时都吓杀。要与西风战一场，遍身穿就黄金甲。"

朱元璋的这些作品都收入《御制文集》，其中诗歌集有 5 卷，百余首，占有较多的份量。有人评论其诗作，虽有英武豪迈的气魄，然而缺乏精细、含蓄文雅耐人寻味的风格。若是从朱元璋的出身、背景、经历来考察，答案就很容易得出了。这一说法不无道理。

据说明朝以前，春节时尚无贴春联的习俗，要探究春联的来历，功劳应归属朱元璋。他喜欢对联，这与他爱好诗有关系，对联是由诗歌演变来的。民间兴起贴对联还是在明朝定都南京以后的事。传说，有一年的腊月二十八日这天，朱元璋在随从陪同下察看民舍，走到午朝门时，他忽然想到皇帝不在朝廷，群臣来上朝怎么办？于是就在午朝门写下一副对联，告谕群臣回家过年！

上联是：过年不朝回乡去
下联是：开春奏来民间情
横批：与民同乐

于是，文臣武将、王侯显贵们都高兴地回家过年，并仿效午门对联的样子，在自家门上贴出吉庆的春联。后来平民百姓很羡慕，但不敢贴，朱元璋知道后，传谕全国，不分贫贱，家家户户都可贴春联。此后贴春联便在民间推广了。

4. 慎于所好

中国历史上，民间早就流传着"上有所好，下必甚焉"这样的话。皇帝的爱好倾向，绝不是一个人的问题，它不但关系国家政治的好坏，还会对全国臣民产生广泛影响。朱元璋有鉴于此，他曾说过："不可不慎。"他提倡好功不如好德，好财不如好廉，好求不如好信，好谀不如好直。

朱元璋当政时，作为一国之君应有的享受固然不少，从其所好上来看，的确个人好廉，不好利，他的好廉在历史上是出了名的，也是他引以自豪的。据历史所载，其个人既没有遍置皇庄，也没有另设内藏宝库私存文物古玩。至于苑园亭馆，珍禽异兽无益者，也不所好。

在用人上，朱元璋对贪官污吏毫不手软，而对廉能者，却另

眼看待。例如，有位奴隶出身的王兴宗，先被委任为金华知县，周围谋士们以其地位卑贱，认为不可委任为地方官。朱元璋坚持己见，并说明该人勤廉能断，作事有能力，果然三年以后，他把当地治理得非常好且闻名于世，并升迁为南昌通判、嵩州知州。不仅如此，当时正赶上变籍民为军，王兴宗提出异议，认为，现在军与民已分，如果征民为兵，将会失去民，无民向谁征税呢？朱元璋认为言之有理，接受了他的意见，还升迁他为怀庆知府。不久，朱元璋因他"是守公勤不贪"，而官升至河南布政使。

坚持好术不如好信。在中国古代，"术"是指国君驾驭群臣的一种方法或手段。在群臣方面也用各种"术"取悦或干扰国君的决策与施政。按先秦思想家韩非所说，"术"是人主（国君）应该掌握的，君无术，就要被蒙蔽。那样，也会造成打了胜仗，大臣们地位愈尊，地盘扩大了，私封也会建立。于是，什么富强也就会白白送给人臣。因此"术"是国君绝对不可缺少的。但是，朱元璋欲控制群臣，不受其蒙蔽，在治理大明朝时，不强调好术，而主张好信，原因在于只靠术，实际上达不到预期的效果。在群臣之间，要求忠诚老实，反对虚浮不实的"游谈"。如范常，就是一个敢于在朱元璋面前说真话的人。曾直谏朱元璋，在攻城略地时不能纵士兵烧杀劫掠，保持军队良好的纪律。无论在地方上为官，还是在朝廷上议策，范常都能直言不讳地提出自己的见解，体现皇帝的正当意图，深得朱元璋的无比信任，被提升为起居注官。宋濂更是一位"诚谨"的学者。他在朱元璋身边近二十年，所有召问，都是以实回答，不说一句假话，决不欺骗，始终无二。在处理茹太素上臃长的"万言书"一事上，宋濂却是另一种态度，不怕得罪皇帝，说：这是茹太素忠于皇帝的表现，是对陛下广开言路的支持。当朱元璋发现其中有可采取的好意见时，于是对宋说：没有你的提示，差一点误会了谏言者。同时大加赞扬了宋濂，说他"不但是正君子，而还是贤能！"

以上事例反映出朱元璋确实是想把君臣的关系建立在忠诚和信任之上。他设御史、给事中等皇帝耳目之官，目的也是皇帝要清楚自己的下属群臣是否忠诚或是蒙骗；他提醒这些耳目之官，做事要公正，反映情况要实事求是。洪武二年（1369），治书侍御史文原吉，纠正监察御史谢恕一错案的例子也揭示了朱元璋实际上是利用耳目诸官之"术"，监视其他文武官员的。但他对其耳目诸官是严格控制的，以防被欺蒙。

在朱元璋当政的一生中，极力宣扬好功不如好德。比较起来，朱元璋此一所好，可能做得最不正。从起义到建国后，他急功近利，好大喜功，杀人实在太多，德行上遭到非议甚为激烈。《国朝典故》中记载一故事，说朱元璋微行大中桥旁，听到有人言刑繁，言语对皇帝不恭顺。朱元璋大怒，随后到了徐达家，达不在，徐夫人问何怒，朱元璋怒不可遏地说"吾为人欺"。过了一会，他命左右急召一位军官带领三千大兵前来。未多久，兵至，他下令二军官守大中、淮清二桥，其余众兵自东而西诛杀，顿时立减数千家。只是听了不恭顺的言语，竟作出如此不道德的杀戮，残忍啊！对朱元璋来说，又有什么"功"可言呢！虽然在建国前起义过程中，朱元璋曾听了范常、陶安的"勿妄杀人"的建议，而且自己也认为在群雄角逐中，他能成为胜利者，主要原因也在于不嗜杀，得民心。如常遇春攻赣州时，按照朱元璋"克城无多杀"的指示，对围困了半年之久的城守将熊天瑞的士兵没有屠杀，最后赢得了天瑞的投降。常遇春因没有杀人，而受到朱元璋的褒奖。

前后两者对比，朱元璋的个人情绪左右了他的好德，最终败在了好功之下，而使好德大为减色。

朱元璋一直坚信好谀不如好直。可是，在他统治之下，因阿谀奉承而丧生的没有一个人，而以敢言直谏被杀者却屡有发生。

当政的君主，没有不被阿谀奉承所包围的，朱元璋对此做了一些阻止。洪武四年审阅翰林所撰《武臣诰》，文中有"佐朕武功，遂宁天下"之语，被他改成"辅朕戎行，克奋忠勇"。同时，对这些词臣说："你们此言太过于夸大了，尧舜带病工作，大禹治水从未休息过，我怎么敢和这些前辈侈谈功大之言呢？今后措辞，一定要平实，不能把事情夸张"。

为了杜绝阿谀奉承，朱元璋特意发表了一篇《辟阿奉文》。内容无情地嘲弄了阿谀奉承的人们。他认为这些人，不过是顺其欲而常其美，心里想的是以此获得高官厚禄，名扬于世，以致该谏的不谏。结论说，既不可把这些人赶跑，也不可任其所为，唯一的办法是使他们改过自新，到那时候，我才能得到贤人能士！

十三、心系安危

1. 整饬武备

在明朝的统治日益巩固，已有的强敌不断被消灭的情况下，朱元璋仍然心存危机感，念而不忘的是继续加强防备，以求大明国在其统治的土地上万世相传。明朝初年，构成威胁的因素并没消除，逃出中原的北元，就是一个直接威胁社会稳定的因素。洪武三年正月，在对武臣的一次谈话中，朱元璋就提出了安不忘危的警言。他从用兵的原则说起，要"先固基本"，本就是内在实力，实力强则有备而无患，还举出晋时的五胡乱华、唐时的安史之乱，都是因内无实力无备导致的；进一步指出，天下太平时，不可松懈。这里，朱元璋明确提出两个问题：一是息武偃兵之说，亦非徒然，实是当时已有这种舆论，为胜利冲昏头脑的表现；二是朱元璋个人的主张认为，有备无患，并以西晋、唐朝的历史教训引以为戒。

明朝成立后，立即建立了卫所军制，但军队训练必须保持经常。早在洪武二年，一位指挥官名叫袁义，他所统率的军士多是山东健儿，勇敢好斗，但是单凭这些固有的素质还不能成为精兵。为此，朱元璋提醒袁义要对所部军士勤加训练，既要施之以恩惠，怀柔他们，又要严格统一号令，绝对服从，这样才能得其实力，临敌获胜。就这件事，朱元璋还说明新升的武官很多人不懂得训练之法，也没有想到今天的富贵正是以战功而获得，而且任职的大小完全依据智能的高下，"智超百人为百人之长，智超千人为千人之长，智超万人为万人之长"。明朝建国前，水军名将俞通海，为人沉着刚毅，"治军严而有恩，士乐为用"。朱元璋举他为例说，俞通海与陈友谅在鄱阳湖激战，陈氏以巨舰压迫通海之舟，形势万分危机，此时他所统率的劲兵，皆以头抵舰，终以得脱；不是通海训练有素，恩威兼济，何以得其死力！最后告诫领兵将士：大家要学习、效法俞氏训练兵的勇敢、无怠惰的作风。

依据朱元璋的思想，制定了教练军士条例，不仅是明代一个基本的军队训练制度，而且对后世很有历史借鉴意义。因为全部规定体现了四点精神：一，从兵种武器使用上，把平时训练军士，同战时打仗紧密结合；二，训练的内容具体、细致，适用于军队各类人员；三，赏罚分明，把训练的成绩好坏，同赏罚一一兑现；四，强调自上而下，层层负责，特别是把军士的训练成绩好坏和将官的升职降级联系起来，突出将官的主导作用。

洪武三、四年，正是明朝大规模战争基本结束，转化为和平的时期。有些将士进到京城及市镇骄奢淫逸，饮酒作乐，有的还弃武经商，朱元璋都曾下令制止。洪武三年十一月大封功臣之后，召集武臣指出以过去战阵之间，以勇敢为先，现在闲居无事，当与儒生讲求古今名将成功立业之后，事君有道，持身有礼，最要防止的是"骄淫奢侈，横暴不法"。一年以后，又听说京城的将士故技重演：福建某些卫指挥私自派人出海经商。朱元璋立即指出执行条例，敢有再犯，以法论处。

看到有些将官子弟因年少骄佚，承袭者多不称职。朱元璋下令让他们入国学读书，长大以后随班朝参，学习礼仪。退朝则练习弓马，学武事，待其可用，再任为将官。这也是加强武备的一项重要措施。

明初的军队，在洪武二十年前，无论是自身建设，还是军民关系，都出现了很多问题。如"冒支官粮"、"饿死军人"、"打死军人"、"卖放军人"、"奸宿军妇"及"肆贪害民"、"纵贼出没"、"图财杀人"等等，严重影响了军队的战斗力和军民的正常关系。朱元璋把他处罚各种犯罪军官及事实经过编成书本，即《大诰武臣》的目的就是整饬武备。

在解决军队自身训练的同时，朱元璋已注意到军民的关系。告诉将臣，说明"畜兵所以卫民，劳民所以养兵，兵民相资，彼此相利"。因为是对武将说话，所以强调当兵的无耕耨之劳，而充其食；无织纴之苦，而足其衣，这些都是民之所出。他告诫诸将臣：要时时记住勤劳建功，获得荣华富贵，此时还要想着有贫穷者，要善体恤民情。

2. 镇压起义

朱元璋自己是从起义中推翻元朝建立大明国的，他很清楚，农民起义是灭亡一个封建国家的重要力量。明朝建立后，他与农民起义的关系有两大问题：一是以他为首的统治照样激起农民的反抗；二是一旦遇有起义，他则坚决镇压。以上两大问题，实际已纳入朱元璋的总体统治之中了。

较早的起义有，洪武二年十一月的真州（今江苏仪征）人，王昭明，联合18人起事，被镇压后只把王昭明杀了，释放了其余的人。十二月，江西饶州（今波阳）文山，有方丑仁"聚众为盗"，朱元璋下令将其镇压。洪武三年六月爆发的陈同起义，是大明建国后最先与官军展开激战的农民斗争。陈同是泉州惠安人，起义后攻向永春、德化、安溪三县。泉州卫千户姚得、龚胜等率兵四千进行镇压。陈同顽强抗战，姚得等所率官军失利。指挥周渊复督兵进击，又被起义群众打败。当时驸马都尉王恭镇福建，闻讯便亲自领精兵讨伐，起义群众全部动员起来迎战，官军奋击，义众大败，陈同被捕遭斩，余众投降。洪武三年九月，青州民孙古朴等"聚众作乱，自号黄巾"。这是更为淳朴的农民起义，并继承了东汉末年震撼全国的黄巾大起义的称号。他们袭击莒州（今山东莒县），杀了同知牟鲁。不久，青州卫遣兵擒杀孙古朴等起义群众。朱元璋表彰了牟鲁，并"厚恤其家"。

洪武六年二月，湖广兴山县的仵某领导的起义，发动群众并烧毁县衙，杀了主簿范某，都督金事王诚调动襄阳卫兵镇压，仵某领导的这次起义终于失败。

大约也就从洪武六年（1373）开始，随着明朝统治的巩固，社会经济的恢复与发展，朱元璋所代表的统治阶级中，有越来越多的人利用其经济和政治手段压迫剥削广大劳动人民，以致引起人民到处反抗。起义次数明显增多，地区遍布南方和北方，中原与边疆。仅六年这一年，三月有四川编张起义。四月，湖广罗田县王佛儿起义。福建古田县山民起义。五月，房州（今房县）段文秀的起义。儋州宜伦（今广东儋县）陈昆六起义。福建永福县民起义。十一月，青州高苑（今山东益都）县民起义。这些起义，有为天灾所苦，更主要的还是贪官污吏所逼。当年山西汾州，朝廷因旱灾严重已下令免民租，但是本地一些官僚见秋收有成，仍欲征赋。朱元璋都感到过分，怕闹出乱子，下令减免租税。同年，真定府晋州、冀州、赵州、饶阳、新河、武邑诸县遇到大饥荒，人民吃草根树皮，饶阳知县郭楫奏报朝廷，朱元璋看到奏疏，经过调查核实，绝无虚假，便命兵部尚书刘仁、户部主事尚质救灾，免除租税。但是，并非所有不幸的人民都能得到这种好处；得不到的，起来造反就难免了，甚至还有陈友谅的旧部仍在坚持反抗，发现后被捕斩。

对连续不断地爆发起义，朱元璋似有些不耐烦了，便借着江西的一桩利用宗教起义事件，大发议论，说人民有"厌居太平好乱者"。他从汉以来直到元朝，所有发生的起义，都历数了一遍。把起义本身描绘得极为艰难和危险，对国对己都无益处。洪武十二年（1379）七月，四川有一支农民起义首领彭普贵等，实也以宗教为形式，在人民中进行了长时间动员，起义遍及 14 个州县，四川都指挥使司音亮以官军镇压，因军纪败坏，反而使起义烈火越烧越旺。明朝调兵谴将军御吏大夫丁玉等前往征讨，至此全部平定，朱元璋大为高兴，给丁玉等嘉奖。朱元璋在这次血腥镇压起义中，明确提出"国之用将，所以捍御奸侮也。"也就是说，他统治下的明朝军队，其作用正是对内镇压人民反抗，对外防御任何侵略。

洪武十五年十月，广东爆发了一次大规模的农民起义，其为首者即称"铲平王"。这次起义，仅被俘的就有17850人，家属1.6万余人，被斩8800人，投降13267户。镇压起义的是明将南雄侯赵庸。起义规模之大，参加人数之多，说明"铲平"这个口号富有巨大的动员力量，在那个处处不平的社会里，具有革命的深刻意义。

对统治阶级压迫剥削的不满，激起来自社会最低层的人民渴望通过反抗得到平等。这不仅是广大人民的追求，即使朱元璋也从维护明朝长治久安的立场出发，予以关注。他也看到是广西的官军迫害人民，把群众逼上梁山了。在洪武二十一年颁布的《大诰武臣》中，以广西为例，说明了百姓闹事的原因：耿良被派到广西做了都指挥使起，便与布政司官、府州县官勾结生事，设法百般进行勒索，"将百姓每害得荒了，以致连年啸聚不已"。等耿良犯事被发现，差人逮问，共计28人招供，那是百姓每要反，则是被他逼凌得没奈何了。列举了耿良的17条罪状，其中有骗取黄知府银子600两、金100两入己；克扣军人月盐钞3381贯也归己；强将民人杜道荫秋粮米350石搬回家，等等。可见官逼民才反。

如果说朱元璋在此处有什么值得肯定的地方，那就是：第一，看到了贪官污吏是害军害民的罪魁祸首；第二，人民的不断起义是贪官污吏压迫剥削逼出来的；第三，为求国家的长治久安，就要与贪官污吏进行长期的斗争。但是，也应指出，朱元璋并不因此而原谅人民起义，他仍然坚持镇压一切反抗斗争。正因为如此，他并不是凌驾统治者和被统治者之上，或处于二者之外的救世主。

统治国家的官吏和保卫安全的军队，反成了祸乱之源，绝非朱元璋的心愿。他的理想是要在和平时期保持常规军队，以备需要，不应召乱或任意挑起事端。但就朱元璋的经历来看，他不应该没有认识到这点。

3. 维护一统

朱元璋把维护统一同国家安危联系起来，是其对中国历史上大一统思想的继承。他是接受历史教训，以处理边境与中原、少数民族与汉族关系为现实需要。

明确谈到大一统问题的是在北伐时，所发布的北伐檄文。虽文中坚持中国传统的内中华而外夷狄的观念，认为少数民族不该统治中国，但也承认元朝毕竟入主中国的事实。值得注意的就是，在这篇充满火药味的檄文中，朱元璋英明地宣布："如蒙古、色目，虽非华夷族类，然同生天地之间，有能知礼义，愿为臣民者，与中国之民抚养无异。"他把元朝政权和少数民族分开，必须推翻元朝统治，欢迎蒙古、色目等少数民族，这些人成为他所统治的臣民，从民族关系上体现了大一统的思想。

洪武六年四月，命令各行省每当闰年，绘图进呈。这就是说，从此以后，每四年一次，要把一统天下的州郡山川险易，绘制成图送给朱元璋，显然也是为掌握其所统治的区域和用以设防。

但是，这时的明朝仅仅统一了全国的中原及部分边境地区，东北、西北、西南尚未完全归入统一，而这些地区没有统一，因此全国的安全也难以得到保证，甚至有的地方会得而复失。洪武八年十二月，元太尉纳哈出以东北地区的金山为根据地，进攻辽东，直至沿海边境的盖州，好不容易被守将都指挥马云、叶旺击败。

洪武五年，著名的江南大儒王祎，奉朱元璋之命出使云南，招服盘踞在那里的元梁王把匝剌瓦尔密，在王祎的劝谕下，梁王欲献版图归于统一的千钧一发之际，不巧北元派脱脱征饷至云南，祎仍对梁王说以利害劝其献出辖地云南，始终无效。洪武六年十二月二十四日王祎遇害。

洪武二十年是标志明朝统一的重要年代。在此之前，北边的大宁（今内蒙古宁城）平定了，西边也继续向青海、西藏地区有所扩展。最重要的是洪武十五年平定了云南，元梁王驱妻子俱赴滇池自杀。二十年，征虏大将军冯胜，并副将傅友德、蓝玉所率明军进攻纳哈出，跨越金山，纳哈出投降。至此明朝的统一基本完成。《明史》也对此版图之大，备加赞扬，称之为"近古以来，所未有也。"但是，朱元璋内心仍有一种危机感，即一方面他感到已有的版图并不巩固，来自周围的所谓"蛮"、"夷"、"诸番"等反叛活动不但接连不断，而且平息这种叛乱并不总是得心应手，有时甚至遭到严重失败；另一方面，这个版图并不是定局，周边有些地区尚未包括进来，这也是一种隐患。

朱元璋为了维护统一，对已直接控制的地区边境非常注意防御，同时，继续向被少数民族首领占据而一时尚未归服的地区挺进。洪武六年正月十日，命魏国公徐达、曹国公李文忠等往山西、北平练兵防边。朱元璋又强调说："山西、北平与胡地相接，犬羊之群变诈百出，不时会有袭击，边地不太平，若能修葺城池，严为备守，使边境永安，百姓乐业，朝廷无西北之忧，我们亦可忘怀高枕。

洪武九年春天一到，就从大明皇帝那里频频传出边境布防的信息。命周立为大同卫指挥使、又命中山侯汤和、颍川侯傅友德及都督金事蓝玉等领兵到延安防边，强调"延安地控西北，与胡虏按境，虏人聚散无常，若边防不严，即入为寇，塞上之民必然受害。而派往辽东的使臣，慰劳刚刚击败纳哈出的都指挥马云、叶旺，向他们说沧海之东，辽为首疆，中夏既宁，斯必戍守"，还应继续"练兵保民"。中国自古就是一个统一的多民族国家，明代以前，除个别少数民族外，大致都居在边疆地区。在保卫边境的过程中，朱元璋贯彻了其民族政策，并且仍然体现了其心系安危的总体思想。

元朝的统治者出自蒙古族，这使朱元璋在处理蒙古族的问题上变得复杂化了。特别是北元的存在，诱使大量蒙古族对明朝坚持抵抗。朱元璋在对蒙古族的政策上，采取了两项重要措施：其一，对各部区别对待。在蒙古失去元朝统治后，从东到西分成兀良哈、鞑靼、瓦剌3大部。朱元璋根据其不同情况，采取了不同的策略。如对在辽东到黑龙江以南广大地区的兀良哈，于洪武二十二年置朵颜、福余、泰宁三卫指挥使司，任命原来的头目为各卫指挥使，"自领其众"，使其变成明朝统一政权下的地方官；鞑靼居蒙古各部之中，势力较强，是逃出塞上草原的蒙古贵族根据地，包括鄂嫩河、克鲁伦河直至贝加尔湖以南的广大地区。朱元璋对他们的政策是，在防御上作为重点，但对其上层统治者也略做区别，如向北元主爱猷识理答腊发出通好信息，在战争中俘虏其子买的里八剌令其取回，之前还封为崇礼侯，主动派人送回去，"以全骨肉之恩"，对坚持抵抗的王保保（扩廓帖木儿）则穷追不舍，使其从应昌到和林，再徙于金山之北，终至败亡。对西部在科布多及准噶尔盆地的瓦剌，因相距遥远，一时只得渐次逼近。

其二，争取和安抚蒙古人民。洪武元年北伐时，就提出欢迎蒙古人民归明。洪武三年，元顺帝死于应昌，朱元璋再次发出呼吁：提了三项原则性政策：一是诚心归顺者，不分等类，量才任用；二是有一些部落臣民前来投诚的，当官的可仍任旧职，百姓可重操旧业，自由畜养羊马；三是"边塞鞑靼百姓，因元丧乱，征徭繁重，是最劳苦的群众，归顺以后，都要安居，不能自己惊扰害怕，以免荒废耕种、放牧"。这里的重点是贯彻华夷虽异，"抚字如一"的方针，要使广大蒙古人民过上安定的耕牧生活。差不多经过了20年，建立了兀良哈三卫，元辽王阿札失里等归明，他们本身重新被任命为各卫指挥使，其所部人民，得以不改变原来的生产方式和生活习惯。但也有相当多的蒙古族在归明以后，迁往内地，同汉族等民族杂居融合，生产、生活及风俗习惯渐次与汉族无异了。

维吾尔族，明时称畏兀儿，其居地称为西域。朱元璋统一了该地区，置安定等卫。安定卫，其地本名撒里畏兀儿，广袤千里，人民居无城郭，以毡帐为庐舍，出产多为驼马牛羊。洪武三年遣使招谕，七年其酉长卜烟帖木儿使其府尉麻答儿入明朝贡，朱元璋高兴地给予厚赏，并分其地为四部，各给印信及象征关系的印章。第二年，于其地设安定、阿端二卫，任命卜烟帖木儿为安定王。朱元璋的厚赏往来，增强了该地人民的向心力和与内地的联系。哈梅里地近甘肃，是内地通往西域的商业要道。洪武十三年，都督濮英在西凉练兵，请求出师。朱元璋相嘱：要重视，以谋略为主，濮英遵旨进兵，原来统治这里的元王兀纳失里表示归服。第二年遣人入朝贡马。朱元璋给予赏赐并遣往畏兀儿地区"招谕诸番"，希望尽快归顺。兀纳失里请求在延安、宁夏等地以马互市，朱元璋以其"黠而多诈"不允，便企图在通往西域的路上打劫，被击败，再次请罪。这为以后有明一代发展维吾尔地区的经济文化奠定了基础。在朱元璋与西域诸少数民族交往中，又扩大了茶马贸易，即内地卖出茶，换回西域少数民族的良马。实际不单是茶与马，内地输出的还有纺织品等，换取更多的西域土特产品，而且借此吸引更多的少数民族部落代表人物到内地，得到明廷的封赏。洪武九年，朱元璋因为听说西域有一匹良马甚异，求之。其酉长不肯献，暗伤其足，献来以后，由典牧所养之三年，足愈，朱元璋特为撰《良马说》，诤此马："一色如墨云疑于太虚，风动鬃翻，猎猎云开雾合，尾摇数尺，荡尘以除埃。首举神枢，则视若奔星驰电，呜呜顶立雄然，四足风生"。

　　藏族所居西藏地区称为乌斯藏，僧人占有重要地位。朱元璋即位后不久，则致力于消除元朝统治的影响，并接受历史上发生战乱的教训，主张按其当地的习俗，用僧人来做工作为好，于是便遣使广行招谕，又派陕西行省员外郎徐允德至其地，令选派元朝的旧臣赴京授职。于是乌斯藏摄帝师喃加巴藏卜，最先遣使朝贡，洪武五年十二月至南京。朱元璋对其大加赏赐，给红绮禅衣及靴帽钱物。第二年亲自入朝，进贡土产等物，他所选用的 60 人，朱元璋全部加以任职，把他的称号也改为炽盛佛宝国师，仍赐玉印及彩币等物。朱元璋见玉印制得不精美，令重新再制，可见重视的程度。返回时，又遣官偕行，号召尚未归服的各部落。此举非常成功，僧徒入贡者颇多，相继任命了灌顶国师及土官数十人。六年二月，设置朵甘、乌思藏指挥使司，又设宣慰司二，元帅府一，招讨司四，万户府十三，千户所四，以喃加巴藏卜推举的人分任各官。朱元璋还坚持来朝与不来朝者均授职名，赏赐衣帽钱。此政策发至西藏各处。

朱元璋在藏族中实际是推行了统一和进步的民族政策，虽然实施中并非毫无障碍，但总的趋势，有利于边境安全和藏族与内地的联系及社会的发展。根据当地人的饮食习惯，在藏区设茶课司，开展茶马贸易，以马市交换内地的茶与布帛。生意兴隆。他们得到了开市贸易的利益，又想要保住官位，所以不轻易反叛。基本上反映了朱元璋从边境安全出发，以茶马贸易进行控制的政策，取得了成功。

西南地区的少数民族种类繁多，与内地关系也颇不一致。朱元璋的基本政策是"威惠并行"。明朝给少数民族的所谓"惠"，不外乎就是建置机构，封官加爵和实行朝贡贸易。而所谓的"威"，很简单，就是对不服从中央统治，或有害于这一统治的，必发兵讨伐了！

苗族居于湖南地区者，早在朱元璋打败陈友谅时，即已归服。但是后来又有多次军事行动对抗明军，朱元璋曾发兵讨伐，但仍是叛服无常。明朝的征伐以及明玉珍所建夏国的统治，也使苗民的土地多遭荒废。洪武五年，成功设置永顺等处军民宣慰使司，统治当地少数民族，并逐步建立了三年一贡的制度。

　　彝、苗等少数民族居住在四川境内。明时彝族也称"罗罗"，大多分布于靠近云南及贵州的边界乌蒙、乌撒等地区。朱元璋利用四川布政司，来管理（包括纳税）这些地方，九年置黎州长官司，任命土酋苛德为长官。十一年升为安抚司，建立三年一贡关系。十五年，置东川、乌撒、乌蒙、芒部诸卫指挥使司，诏谕各部人民，申明"一视同仁"。特别是在云南贵州统一后，为置邮传相连，利用当地人民打开通往云南的道路。同年，在彝、藏等族主要居住地区置建昌卫（今四川西昌一带），取代元朝的旧有统治，密切了与内地的经济文化联系。明代著名的石柱（今四川石柱土家族自治县）土司马克用于洪武七年入朝，第二年改设石柱宣抚司。明末这里出了一位赫赫有名的巾帼英雄秦良玉。

　　云南自洪武十四年元梁王灭亡后，明朝即统一了该地。因有其中白、彝族居住的大理，在白族段氏控制下，不肯彻底归附，洪武十五年征南左将军蓝玉，右将军沐英率军攻占之，因改为大理府，置卫，设指挥使司。朱元璋下令将统治大理十余世的段氏子孙分授永昌、雁门等卫镇抚，实际是推行"改土归流"的进步政策，有利于消除土司制度的落后性，统一在中央政府管辖下。

瑶、僮等族是居于广西的少数民族，他们分散在万岭群山之中。原属湖广的灌阳，因瑶民闹事，讨平后，置千户所改隶广西。柳州地区常有僮瑶聚结为寇，军民皆无地可种。中书省有人提议，迁往内地以消除边患。但朱元璋"以兵分守要害闹事就镇服，使其日渐教化，数年后，可为良民，何必迁也。"朱元璋更不同意这种灭绝种族的政策，求"谨其防御，使不为患。如为寇不已，则发兵讨之。"意思是要求明朝将士加强防御，不要造成对我内地战乱，如果真侵犯，发兵征讨！

黎族所居之海南岛，于洪武元年征南将军廖永忠平广东后，撤销乾宁安抚司为琼州府，下置州县管理。此后这里多次爆发起义，所谓凡黎人之乱，必发兵讨之。

明代是回族发展的重要时期，除西北之外，内地已逐渐形成"大的分散，小的集中"的居住特点。朱元璋对回族的政策与对其他少数民族没有什么大的不同，惟有两位据说回族出身的重要人物和他建立了特殊的关系，一个是他的夫人马皇后，另一个是名将常遇春，这两位人物在他身边得到重用。由此也可以看出朱元璋在处理民族关系上较少偏见，在一定程度上摆脱了传统的华夷之分的羁绊。

4. 睦邻友好

在对外关系上，朱元璋接受历史上的教训，确定了睦邻友好的准则。在朱元璋的心目中，处理对外关系，其立足点在于关心国家的安危。明朝分别出使高丽、安南等国致国书，通报朱元璋已即位，改元洪武，取代了元朝的统治，愿与各国重新建立外交关系。

朝鲜在明初称为高丽。洪武二年，高丽王颛表贺，请封，朱元璋封颛为高丽国王。在所遣答谢的使臣成惟德等至明后，满足了他们的一切请求；朱元璋又关心地问及国王、城郭、兵甲、宫室等情况。使臣回答说该国多崇信佛教……朱元璋颇为惊讶，立即写信提醒国王注意立国的几项根本措施。回国时赠其《六经》《四书》《通鉴》，从此建立朝贡关系，元旦及所谓"圣节"，皆遣使朝贺。后来发现其使来则多带私物变卖，回去又带中国货物出境，明中书省官要求征税或加禁止，朱元璋均未允许，也是一种友好表示。不久，因为来使过于频繁，朱元璋通过中书省下达一规定："三年一聘，贡物希都是自产的，不要过于奢华"。

洪武七年，高丽王颛为权臣李仁人（任）所杀，立宠臣辛肫之子辛禑为王，引起明朝不满。十年，遣使来请王颛谥号，朱元璋认为想假借明朝，来掩饰其弑逆丑事，没有答应他们的要求。经过几年的不正常之后，十七年高丽贡马2000匹，且以金非产地，愿以马代输。第二年，朱元璋表示"高丽屡请约束，今既听命，宜减少其贡数，令三年一朝，贡马八十匹。当年又因其请，封禑为高丽国王，又赐故王颛谥恭愍。

此后发生一起领土争端，洪武二十年，明朝户部受命告诫高丽王："铁岭北，东西之地，旧属开元者，辽东统之，铁岭之南，旧属高丽者，本国统之。各正疆境，毋侵越。"此铁岭在今辽宁铁岭东南五百里之地，明初在此立铁岭卫。二十一年四月，高丽王辛禑上明表要求："铁岭之地实其世守，祈求归还。"朱元璋斥责说："高丽本来以鸭绿江为界，今又要占铁岭，纯属欺诈伪造之言，毋生衅端。"

严重的问题在于，此高丽王不但提出领土要求，而且还"决策攻辽"，向明朝发动武装入侵，攻打辽阳。集军共5万余人，号称十万。特别是听说明辽东兵征胡，城内空虚，大军一至，可不战而下。崔莹大喜，禑则停用"洪武"年号，令国人恢复胡服。但是，大军刚过鸭绿江，士卒逃亡者络绎于道，禑下令所在斩之，无济于事。于是有人请求退兵，继续对明朝友好，在士马俱惫，粮饷不给的情况下，曾反对入侵明朝的大将李成桂号召诸将，"除君侧之恶"；并回师到鸭绿江，李成桂掌握实际大权，直到洪武二十五年正式成为朝鲜国王。

在高丽欲发兵进攻辽东时，明朝已得到信息，朱元璋下令"辽东严守备"，还派人进行了侦察。对高丽内部的争权，采取了坐以"观变"的态度。直到已传数百年的王氏被灭，李成桂权国事，朱元璋仍以"非我中国所治"，不予干涉，只求不启边衅。至遣使请更国号，才说"朝鲜之称最美"，命称为朝鲜。

越南，宋代以来即称为安南。自陈氏为国王，名字皆取日，下边改变一个字，取从火上阳之义。至明初，陈日煃遣使入贡，朱元璋高兴地封其为安南国王，派侍读学士张以宁等带着驼纽涂金银印，前往安南。同时，赐给日煃《大统历》、织金文绮纱罗四十匹。可惜，二年张以宁等到达时陈日煃已先卒，其侄日煃嗣位。朱元璋一方面对日煃之死表示同情，另一方面重新遣使封日煃为王，并赐金印及织金文绮纱罗和以前一样。

洪武四年冬，安南统治集团内讧，日煃为伯父叔明逼死。叔明惧怕明朝干预，贡象及土产，洪武五年至京，礼官见国王之名非日煃，问明真相，不予接受。六年，陈叔明遣其臣，向朱元璋谢罪，贡土产，并请封爵，朱元璋便承认了叔明的王位。后来叔明自称年老，请求由他的弟弟煓摄政，明朝也同意了。从此定为三年一贡，使者毋过三四人，贡物不必很厚。

洪武十年，安南侵略占城，煓败死，弟炜代立，遣使告哀。明朝派中官陈能往祭。当时安南自以为势力强大，欲灭掉占城，反而遭到失败，为此朱元璋派人前去告知叔明不要挑起衅端。朱元璋有一封《谕安南国王陈炜、伯陈叔明诏》，申明保卫好已有的疆土，"则其为永福，若越境而殃他民，则福命未可保也。"劝告说，要顺应天意，息民养民，后必无穷之福矣；否则，就要混战，互为撕杀。朱元璋的睦邻政策，不但要贯彻于中外关系，而且在外国之间也希望如此。叔明进贡谢罪。

在明与安南的交往中，也涉及到领土之争。广西思明土司较早提出"安南犯境"，朱元璋声讨其罪行。不久，安南国相黎季犛掌权，废王炜，立叔明子日焜主国事，明朝不知内情，几年后才发觉，不与通使。时间长了，虽恶其篡权，因不愿劳师远征，也就承认了既成事实。接待了来使，季犛也安心了，并且给明朝提供了一些军饷，双方关系得到改善。但是思明土官黄广成坚持要归还被安南占去的所属丘温、如嶅、庆远、渊、脱五县地，而季犛硬是不给。事情闹到朱元璋那里，这位大明皇帝一时也无善策，只是说：蛮夷相争，自古有之。若他们顽抗，必召来战祸，姑且等吧。等待，这也是无奈之举，也是朱元璋另一种睦邻政策。

日本与中国是一衣带水的邻邦，正是如此两国间很早就有摩擦。据史记载，13世纪日本的冒险武士和地方势力，一方面和中国、朝鲜贸易，一方面找机会掠夺中、朝沿海居民，当时这些居民称他们为倭寇。明初，倭寇对中国沿海继续侵扰，同时两国内部之争，往往影响到彼此的关系。明初，方国珍、张士诚虽灭，其余部亡命海外，有时勾结倭寇，扰乱山东沿海州县。洪武二年遣行人杨载诏谕其国，日本王良怀没有从命，继续寇掠山东及浙、闽沿海地区。面对这种形势，朱元璋从军事和外交两方面采取措施，在外交上他多次派使者或僧人前往日本。

洪武三年三月，明朝又派莱州府同知赵秩出使日本，并宣布明朝的意愿。日王怀良怀疑使者是元蒙的后裔，打算斩首，赵秩很坚定的说明，大明天子神圣养护军队，不是蒙古所能比的，我也不是他们的使者。"我大明天子神圣艾武，非蒙古比，我亦非蒙古使者后……"怀良松了一口气，下堂招待赵秩，礼遇甚优。遣其僧祖来奉表称臣，贡马、土特产等物，并送还浙江沿海被掠人口七十余。祖来至，朱元璋很高兴诏赐文绮帛及僧衣等物。及辞还，考虑到日人信佛，又遣僧祖阐、克勤等8人护送，还带给怀良《大统历》等物。表现出朱元璋加强中日友好的愿望。

朱元璋在军事上采取了多项措施，首先，如朱元璋下令派兵出海巡倭，仍不能完全阻止其入侵。其次，加强沿海卫所及沿海水军建设，洪武三年接受曹国公李文忠和（靖海侯）吴桢的建议，在浙江设卫所，把方国珍旧部的军士，及无地种粮的船户 10 余万人改编为军隶属沿海各卫所。并且下令浙江、福建临海的卫所造海舟及多橹快船，以后又在广东、福建、浙江、山东、辽东增加卫所，还建立起水军。这些卫所和水军担负起御倭的重任。如福建卫就在洪武三年，俘获倭寇 300 多人，六年台州卫捕倭 74 人，二者获船 5 艘。自洪武十九年以后，朱元璋更加重视海防建设，命汤和、周德兴分别在浙江、宁海、临山诸卫筑城，增加海防卫兵。建立了巡检司。洪武二十六年至二十八年，除辽东沿海卫所基本建立外，广东沿海相继建立了 12 个卫所，山东又建立了 8 个卫所。洪武末年，自广东到辽东沿海防卫体系，包括卫所、巡检司、墩台侯基本完备。因此，朱元璋晚年虽然时有倭寇进犯，但没有酿成大祸难。

最后，实行海禁政策，其目的就是为了切断盘踞在沿海岛域之张士诚、方国珍残部与入侵倭寇的海上接济。具体措施有二，其一，下令禁止沿海百姓私自出海，取消泉州、宁波和广州三城的市舶司，禁止百姓出海贸易。以后，又多次下令，禁止通番。其二，朱元璋在浙江、福建、广东等地，将沿海附近岛屿的居民迁入大陆，断绝倭寇的接济，大约共有 36 岛的居民都曾被迁入内地，有的卫所也从沿海岛屿迁往内地，这样做有其利，也有其弊病，即缩小了防御的范围，但也限制了沿海地方的贸易和经济发展。

在胡党之狱中，曾发现其党羽林贤勾结日本欲借进贡为名，发动叛乱，败露后，朱元璋对日本更加愤恨，决心不与通贡，只想加强海防，但其王子滕祐寿来入国学，仍善待之。洪武二十四年五月，特授观察使，留于京师。在朱元璋所著《祖训录》中，日本被列为15个不征国之一，就是不和他们打仗的国家。这一决策，实为明朝解决倭患的下策。

琉球，在中国东南大海中，洪武初其国分为中山、山南、山北3大部，皆以尚为姓。其中以中山为最强。洪武五年遣代理杨载至其国，诏告即位、建元。中山王察度派其弟泰期随载入朝，贡土物，朱元璋很高兴，赐给《大统历》等物。七年，泰期复入贡。朱元璋命刑部侍郎李浩带着赏赐的文绮及瓷器7万件；铁器千件就地市马。九年，泰期入贡，得马40匹。浩回国言，该地不喜欢纨绮，很看重贵瓷器、铁器，此后赏赐多用此类物资。不久山南王也进贡，赏赐如中山。当时中山、山南二王与山北王争雄，互相攻战，朱元璋特命人告诫，令"罢兵息民"，从而使三王皆奉命。二十五年后，中山、山南二王派遣王子等来入学。明与琉球的和平往来密切了彼此的友好关系，加强了经济及文化交流，自琉球进来大量马匹、硫磺、胡椒、苏木、乳香等物。

吕宋（今属菲律宾），距中国漳州较近，洪武五年有使者到明朝，建立了来往关系，真腊（今柬埔寨），在占城南。洪武三年，遣使招谕其国，四年其国王忽尔那遣使进表，贡土产等物。此后即建立了经常性的贡市关系，明赏赐之物多为织金文绮、瓷器等，瓷器一次多至近2万件，对方贡物有大象、香料等，有时还带着数十象奴、番奴。

暹罗（今泰国），在占城西南，洪武三年命吕宗俊为使至其国，第二年其王叁烈昭昆牙遣使奉表与宗俊同来，贡驯象、六足龟及其他土特产品，朱元璋命回赠其王锦绮，给使者巾帛等物。其后经常来贡，贡物有黑熊、白猿等。明朝赏赐其《大统历》等。其间，该王之姊叁烈思宁两次遣使者入贡，进金叶表等，朱元璋却之不受，只宴待使者。在与诸国交往中，朱元璋无意发展贸易关系，当得知该国以兜罗绵、降香、苏木诸物进献时，疑其"番商"所为，命却之。在他的心目中仍把此种关系视为诸侯与天子的朝贡往来，只表示"诚敬而已"。

此外如爪哇、暗婆、三佛齐（今属印度尼西亚）、中亚的撒马儿罕（今属乌兹别克）等国，朱元璋时也都派遣了使者前往招谕，体现了明初想要广泛开创睦邻友好的新局面。

十四、大案与大狱

1.钱粮案

　　包括两桩案件，其中一案就是发生在洪武九年（1376）的"空印案"，这是明朝建立以来牵涉官员最多的一桩大案。原来明朝政府规定，每年各地的布政使司（省）、府、州、县，都要派出管钱粮的官吏到户部，呈报本地的收支帐目及所有的钱粮数量予以核实。朝廷要求各级政府的数字与户部掌握的必须完全相符，但是不一致的情况也时有发生。凡发生不符时，户部即驳回，另行造册呈报，而这样的帐册，必须加盖所在地方政府的官印方为有效。真的出现这种情况，实是一件很费时间并需往返路程的麻烦事。距离南京远的有六、七千里，近的也是四、五十里上下，加上加盖印信，算起来也需要个把月乃至几个月。于是地方政府想出一个方便之计，即在呈报钱粮册的同时，携带由本地政府加盖官印（骑缝印）的空白帐纸，有了差错，可以免去往返里程，也节省大量时间，很快便可重造，而且具有合法手续。所谓"空印"，就是先盖印，后写数字，由此得名。这种办法相沿多年，未曾被视为一大错误，连地方衙门都明此理，户部官员也照例默许，是朝廷上下一致承认的通行办法。朱元璋也闷在鼓里，一概不知。那么此案怎样发端的呢？

空印案起源于洪武九年核实钱粮帐册，即所谓"考校钱谷策书"。空印之事被朱元璋发现，认为其中有关官吏乘此贪污舞弊，非常气愤，下令追查。凡当时主印之吏及签字有名者，皆逮捕入狱，总共达数百人。或说"凡主印者论死，佐贰官以下仗一百，戍远方。"也有的说"自尚书至守令，主印者皆坐抵欺论死。"当时的好官方克勤（其子为建文朝名臣方孝儒），一直被视为清官循吏，一件布袍穿了十年没换新的，一天饮食只有一餐吃带肉的菜。但任济知府三年，吏不得为奸，本地户口增数倍，丰衣足食，被百姓称之为"父母官"，也死于此案。

此案发生后，有位郑士元在河南做官，任职期间，荆襄卫所士兵掳掠妇女，官吏不敢过问，他找到卫所军官交涉，释放了全部被掠妇女，深受民间拥戴。因空印案牵连被逮狱中。其弟郑士利，为此案及其兄抱不平，认为朱元璋不了解真相，"以空印为大罪"，如果有人言明，一定会翻然醒悟。洪武九年，郑士利打算借下诏求言之机，应诏上言，为此案辩解。当时朱元璋盛怒未息，丞相、御史虽知空印无大问题，也不敢谏。郑士利见到诏书中有"假公言私者罪"，也颇为其兄顾虑。经过一番考虑，想到既然士元非主印者，理应出狱，就让他受杖而出狱。其兄既出，他便宁可承担一切后果上书朱元璋，其中说到：先用印而后写字，这不过权宜之事，从来久矣，何须深罪。进而说到国家的责任，立法必先明示天下，而后再给犯法者论罪，这叫明知故犯。可是从有大明以来，未曾听说有"空印之律"，各级官府都用，不知道有罪。现在忽然问罪，被杀者，岂能无话可说。而且被罪的都是地方郡守，贤士难得，杀人不同割草，可草刈后复生，人岂能复生。向朱元璋呼吁：难道不可惜吗？朱元璋见奏书大怒，将士利并其兄流放到江浦，罚作终身劳役。

史家对"空印案"提出看法，一是认为朱元璋发现此事，必然严厉惩处，因为那时"事无大小，必经奏断，方与施行"。此事"未尝奉旨"，背着皇帝行事，一旦发现，"势在必诛"。二是粮税空印，虽然行之已久，证明它本身就是一种"旧习"，朱元璋向来"深恶旧习"，不经过这样严厉打击，如何可以去掉？三是提出"空印事，犯事官吏，虽没其他罪过，这一弊病不可延续，朝廷严惩也是不为过。"

"郭桓案"是属于官粮方面贪赃舞弊案。朱元璋严惩贪污之令屡次下达，不能说毫无效果，但违反法规者时或有之。其中一桩大案即洪武十八年发现的盗窃仓粮"郭桓造罪"。

郭桓为户部侍郎，户部主管全国户口、土地及钱粮等。在朱元璋惩治贪官污吏案件中，拿以六部为罪魁，而郭桓被指责为诛首第一人，也是头一次。此案影响巨大，案情也比较曲折。从公布的罪状中看到贪污的事实是严重的。如郭桓等收受浙西秋粮450万石，而郭桓实收60万石上仓、钞80万锭入库，这些可抵200万石，其余190万未曾上仓，还有50万贯钱，伙同其他人私分了。又应天等五府州县，有数十万亩官田地夏税秋粮，并无一粒上仓，而被郭桓等户部官员分赃，军队卫所的仓粮被卖空，事发后朱元璋严惩：自六部左右侍郎下皆死，赃七百万，牵连直隶省诸官吏，系死者数万人。追赃所涉及的很广，这本是惩贪，但贪官把包赔的钱粮，都以各种办法摊牌到各乡、各里的百姓那里，三吴一带、浙东、浙西地区的豪门望族、故家巨室、民间中产阶层人家大都皆破产。

案情发生后，舆论纷纷指责朝廷玉、石不分。朱元璋于是亲自下诏，列举郭恒等罪，并把审刑司右审刑吴庸等处于极刑，以平息舆论对朝廷的不满。第二年，在颁布的《御制大诰》中，多次提到郭桓案的事，因此，在全国诸司被牵连的有数万人。朱元璋进一步说明若将其余全部计算，"把三年所积卖空"大得惊人。如把卖仓税粮，收税粮等折成未算有 2400 万积粮损失，造成"空仓廪""虚府库"，难道对他们不应治罪吗？

历史上有人多注意杀人过多，责备朱元璋处置过当，而史学家谈迁却着眼于朱元璋最反对沿袭元朝恶习，尤其在兵食方面是其关心的重点。他认为贪污数字特多，或许计算有误，但这本身就是元朝的恶习未改，所以经过这种严厉惩治，此后制度详细，贪赃也有所收敛了。

2. 胡党之狱

胡党之狱，以洪武十三年（1380）中书左丞相胡惟庸结党谋反被杀而得名。中书省是朱元璋沿袭元朝统治制度而设立的中央最高行政机构，丞相为其长官，明朝尚左，左丞相实是皇帝一人之下、百官之上的最高行政长官，权力极大。胡惟庸自洪武六年担任此职，7年后惨遭杀戮，绝非偶然。这里有深刻的社会背景，统治权变迁的要求，当然也有胡氏的罪状事实。

朱元璋是出自淮右的领军人物，最早参加起义的大多数也是淮西人，有的是朱的乡里，有的则是亲近的族人，以及早期投奔的反元人士。在纵横征战中，这些人自然分别充任了领兵的将帅、幕府的臣僚、军中骨干等重要职务。随着朱元璋的势力发展壮大，淮西将臣的地位不断上升，尤其占领集庆后，淮西人的地位在文武势力范围内愈加显著。难怪有人以诗讥讽"两河兵合尽红巾，岂有桃源可避秦，马上短衣多楚客，城中高髻半淮人"。随着朱元璋地位的抬高，他和淮西将臣关系发生了根本的变化。朱考虑的是如何提高皇权，保全朱家的江山，为此他颁布了一些申诫公侯的条令，规定了处罚和处刑的律令，来约束淮西集团的公侯及其家人、仆人；在统治上层部门有意安插非淮西的贤能志士为官；以礼法约束，枪校监视旧淮西集团。李善长是淮西集团的核心人物，从洪武元年李任左丞相直到胡惟庸先后掌权的十七年，极力排挤非淮西的浙东人士，不使重任。浙东地主集团领袖刘基，作战有功，建国后，更有治国办法，功劳很显著，但分封功臣时，刘基封为诚意伯，李善长则封韩国公，岁禄高达4000石，是刘基（240石）的20倍。同为抗元打天下，为新王朝建立做出了贡献，明眼人一看便知两个集团的不平等，淮西集团居功自傲排斥对方。一些小不睦，就会引发大祸。如一次朱元璋离京去汴梁，李善长和刘基留守南京，李的亲信中书省都事李彬受制裁，李善长向刘基求情宽恕，被拒并向朱元璋报告，批准后把李彬杀了。这本是执法秉公办事无须非难，可现在却加深了两个集团的矛盾。朱元璋归来后，偏听李善长的挑唆，就让刘基请假回家，后来干脆要他告老还乡。

此外，明王朝统治阶层内部矛盾逐渐集中在皇权和相权的矛盾上。明朝建国后，从制度上是以中书省总揽行政事务，并设左、右丞相。但是担任过丞相的人极少，洪武元年是李善长、徐达分别为左、右丞相。徐达因为是大将军，长年领兵在外，实际执行丞相职务的只有李善长。此人也非善类，表面宽和，内心狭隘，不但排挤与自己能力相当的人，连皇帝信任的人也不肯轻饶。洪武三年，李善长回老家养病，中书省一时无长官，就诏浙东集团的杨宪为中书右丞。此人虽有才辩，但是"深刻多忌"，专断决事。汪广洋，洪武元年召入中书省参政，后又召回中书省任左丞。广洋对杨宪行事不敢可否，犹为所忌，嗾使御史刘炳弹劾，撵回高邮老家，继放之海南。杨宪飞扬跋扈，在中书欲尽改省中制度，凡旧吏皆罢免，排挤淮西集团人士，改成自己的亲信。嗾使刘炳弹劾刑部侍郎左安善时被朱元璋发现，下狱追问，坦白受杨宪指使，于是洪武三年七月把杨宪和刘炳一起杀了。这是朱元璋在政治上最早于统治集团内部开杀戒，实际是加强皇帝专权主义的一个步骤。

汪广洋在杨宪被杀后，被召回，复任中书右丞，当年冬，封忠勤伯。然而一个在明初政治上引起巨大爆炸的人物悄然崛起了，他就是胡党之狱首犯胡惟庸。

胡惟庸，定远人，至正十五年于和州归服义军，他先在元帅府当差，历任地方小官吏。明朝建立后，经李善长的荐举，洪武三年当上了中书省参知政事。在朱元璋于杨宪、汪广洋、胡惟庸未受重用之前，只有刘基看出了他们的要害。刘基与杨宪是好友，朱元璋欲拜杨宪为相，问刘基，却答说："宪有相才，无相器"，意思是杨宪器量狭窄，不能容人。后来又问汪广洋如何？基答："气量狭小要甚于杨宪"。再问胡惟庸，基答："小犊耳，将偾辕而破犁。"就是说胡惟庸这个像牛犊子驾辕要闹翻车要败事的人，是最令人担忧的。然而他却在杨宪被杀后，汪广洋复任时，千方百计取得了朱元璋的欢心，屡次称赞其有才干，很信任他。六年独揽中书省事，拜为右丞相。十年，进左丞相。

胡惟庸尽管有刘基之言在先，却仍因巴结讨好朱元璋，受宠日甚，独占相位数年，掌握生杀褒贬大权，有事不奏报皇帝径自处理。他已经侵犯到了皇权，朝廷内外诸衙门上奏的折子他皆斗胆拿去先拆看，发现对自己不利的，竟隐瞒起来而不奏报。接踵而至的是各地想当官的、升官的，失意的功臣、军人都奔走他的门下，送金帛、送名马、珍宝古玩无计其数。当然并非所有的人都对其毫无察觉或听之任之，大将军徐达早就对其奸邪深恶痛绝，并坦率地告诉了朱元璋。胡惟庸知道后，顿起报复之念。徐达有个看门人叫福寿，胡惟庸暗自拉拢他，想利用他除掉徐达，结果被福寿揭发了。胡惟庸对刘基给自己的评价和预见也有耳闻，并怀恨在心，当刘基忧愤而病愈加重时，胡惟庸乘机迫害这位宿仇：一是他借谈洋地（在闽浙之间）方国珍旧部造反，刘基之子刘琏上报未先通过中书省一事，加害刘基，并诬刘基认为谈详地有王气，欲图谋为墓地。朱元璋不经查实，信以为真，就取消了刘基的俸禄。二是，刘基晚年有病，胡惟庸窥视朱元璋不像以前那样关心刘基，挟医视疾，从而下了毒药，毒死了刘基。

胡惟庸在罪恶的道路上越走越远。他在刘基死后，更加肆无忌惮地与李善长勾结。李善长在胡惟庸当初作宁国府令时，就接受其馈赠的 200 两黄金而召人为太常寺卿，累迁至中书参政后，又以兄女嫁给善长从子祐。贪贿弄权，越来越无顾忌。又弄一些"天降赐福"的假像来迷惑廷臣抬高自己，阿谀奉承之徒争言为丞相瑞应。惟庸高兴得更加自负，萌发了邪恶的念头。其进一步发展便直接与朱元璋本人产生了对抗。不巧胡惟庸的家人为谋取非法之利，过关时，殴辱关吏，吏上告，朱元璋大怒，杀了家奴，胡惊慌又不满。朱元璋又追究刘基被毒死的情形，胡惟庸心虚害怕，私下加紧阴谋活动，扬言先发制人不能束手就擒。于是，找些被朱元璋责难的军官谋反，让他们收集军马，这时引起朱元璋的反感。李善长之弟李存义作太仆寺丞，为胡惟庸婿李祐之父，借胡惟庸是儿女亲家的关系常往来胡家，于是指使存义秘密游说善长，约共同起事。善长起初大吃一惊，并许诺"若事成，当以淮西地封公为王。"善长虽已 66 岁，然而仍难拒此诱惑，佯装不许，心颇以为然。胡惟庸得到李善长的支持，更加胆大包天了。他派遣亲信林贤下海招引倭军，向异国求援。又遣元朝故臣封绩带信，向逃到塞外草原的北元君主称臣，请派兵为

外应。此阴谋尚未来得及行动，一个意外的打击却降临到胡惟庸头上，他的儿子骑马在街上招摇过市，横冲直撞，坠马死在车下。胡惟庸气急败坏，立即杀了马夫，朱元璋对此极不满意，下令以命偿命；胡惟庸请求以金帛给其家作为赔偿，朱元璋不答应。胡惟庸狗急跳墙，联络亲信策划谋反。

朱元璋正处在建国后统治事业日益巩固，矛盾也不断暴露的关键时刻，相权和皇权的矛盾达到了顶峰。他最敏感的莫过于针对其权力的挑战，这使他已毫不留情地处置了一些来自统治集团内部的人物，包括地位很高的文臣武将。现在他又进一步发现胡惟庸等"举措有异"，决心搞个水落石出先发制人。洪武十二年九月，占城（今越南）来使者进贡，胡惟庸等不奏报，宦官出门见到后才上报。朱元璋发怒，斥责了中书省大臣。胡惟庸及右丞相汪广洋虽称有罪，却委过于礼部，而礼部又反过来怨中书省。朱元璋越发愤怒，把这些人统统囚起来，审问受谁指使。十二月，御史中丞涂节已告发胡惟庸毒死刘基，又揭发胡惟庸与御史大夫陈宁谋反之事。

此时另一起阴谋也在策划，这就是日本贡使到了明朝，私见胡惟庸。欲背水一战的胡惟庸约其国王，令以舟载精兵千人，伪装成朝贡人员，到时候与府中力士相会，掩护起来捉拿朱元璋。断定可取则取之，不可则抢掠府库财物泛海而逃，远渡东洋日本。

洪武十三年（1380）正月初六日，胡惟庸加紧施展其伎俩，异想天开，诡称他家的一口井中忽然冒出了甜美的酒，邀请朱元璋亲去观赏，朱元璋居然答应了。皇帝一行人马出西华门，内使云奇冲着皇帝走着的路勒马拦驾，想说话又急得说不出来，气喘吁吁，词不达意，朱元璋怒其不敬，左右卫士拳脚齐下，云奇右臂将被打断，临死犹指着胡惟庸的府第，不因剧痛稍缩，觉醒的朱元璋见状已有所悟。便登上西皇城楼居高临下观察其丞相府第，只见复壁间尽藏甲兵，刀槊林立。立即调发羽林亲军进行逮捕。回过头来召云奇，已经气绝了，赠这位忠诚的内使为内官监左少监。赠再大的官也无济于事，晚矣！

为了严厉惩治胡党，朱元璋逮捕首逆胡惟庸，又进行了审讯，对其所犯的罪恶与所知者提供的事实一致。洪武十三年正月，以擅权枉法的罪名，诛左丞相定远胡惟庸、御史大夫茶陵陈宁，灭其三族；总计尽诛其党羽僚属共计15000人。

胡党的支柱李善长最引人注目，胡惟庸既死，群臣要求惩治李善长、陆仲亨的呼声很高。朱元璋因为是"吾初起时股肱心膂，吾不忍罪之。"对他们一个个都不让追问。当年十二月，71岁、已退休的学士宋濂因其孙宋慎以胡党罪名被诛而受牵连，抄家并把宋濂逮捕至京。朱元璋打算杀他，赖马皇后及太子奋力救护，得以不死，安置茂州（今四川茂县），行至半路，卒于夔州。这就是太子及诸皇子老师的下场，封建帝王谈何仁慈！

胡惟庸死后十年，胡党之狱又掀起一次怒潮。洪武二十三年（1390），77岁的李善长老而张狂，欲营私第，向信国公汤和借卫卒300人，被汤和秘密告发了。四月，京城里有罪的人应徙边境，善长请免其亲戚丁斌等，朱元璋大为生气，追究丁斌，斌曾在胡惟庸家做事，便供出了李存义与惟庸谋密勾结李善长共同反对朱元璋的全部事实。家奴卢仲谦也揭发善长与惟庸通赂遗，交私语，荐胡惟庸为太常卿，即以黄金20斤回报。后来又赠送古剑及白玉酒壶、玉刻龙幡盏等。事实俱在，肯定这位"元勋国戚"明知胡惟庸有阴谋不举报，而且自己也观望徘徊，已构成大逆不道。此时正遇上有人谈星变，占之结果，大臣当灾。朱元璋乘机下令将李善长并其妻女弟侄全家七十余口尽数诛杀。饱经世故的李善长知道末日来临，号啕大哭说："臣诚负陛下"。回到家里自缢而死。李善长从子李祐被赐死，子祺与所娶公主，流放江浦。对李善长本人，死后，朱元璋命葬，爵除。不仅如此，成为胡党牺牲品的被杀功臣不计其数。

朱元璋亲自列其罪行，即口供辑录，成为《昭示奸党录》，布告天下。全案诛杀至15000余人，被称为"胡狱"。

3. 蓝党之狱

洪武二十六年（1393），大将军蓝玉及其党羽被杀，史称蓝党之狱。

蓝玉，定远人，名将常遇春的内弟。初在遇春帐下，临敌勇敢，所向必胜，遇春时常在朱元璋面前夸奖他，得到器重，升迁很快。从洪武四年至十一年，连续参加伐蜀，北征，讨西番，多有俘获。十二年班师，第二年封永昌侯，食禄2500石，给世券予以奖励，十四年以征南左副将军随颍川侯傅友德征云南；平滇之役，其功最多。增禄500石，其女被选为蜀王妃。二十年，从大将军冯胜征纳哈出，冒着大雪率轻骑袭破盘踞庆州（今甘肃庆阳）的元军。又往金山接受纳哈出之降，冯胜因罪被免，蓝玉拜为大将军。二十一年三月，蓝玉受命领 15 万军征讨北元小皇帝脱古思帖木儿出大宁，至庆州，深入漠北，战功显著，俘获颇丰，凯旋归京师。朱元璋不胜欣喜，下玺书褒奖他，比之汉代卫青、唐代李靖。当年七月，蓝玉遣人送元主次子及后妃公主等至京。不久，有人揭发玉与元主妃有私通，朱元璋大怒，待蓝玉还朝，朱元璋严厉斥责，告诫"率德改行"。二十二年以后，转赴西南、西北，或修城，或讨叛，屡有建树，成为徐达、常遇春之后总领大军多立功勋的名将。

蓝玉勇略超众，有大将才。但立功既多，又遇朱元璋厚待，渐至骄蹇自恣。这位素来刚愎不学的大将，竟然在军中擅自升拔将校，黥刺军士；蓄养庄奴、干儿子数千人，出入乘势搜刮；曾占民田，民告于御史。按问时，蓝玉大怒，居然捶打驱逐御史。北征回师，私带大量珍宝驼马，过喜峰口关，夜叩关门，守吏没有立即接纳，玉发怒，纵兵毁关而入。朱元璋听说极不高兴。加上私通元主妃之事，谴责告诫，玉则毫无悔改之意。当初封爵时本欲封为梁国公，就因他有错不改，变成封为凉国公，并将其过错镌刻于铁券内。蓝玉还在入朝见皇帝时，语言傲慢，不守人臣应遵守之礼。最大的问题是违诏出师，擅作威福。西征回师，命他为太子太傅，不愿居于宋国公冯胜、颖国公傅友德之下；他所奏诸事，因朱元璋厌他无礼，很多不愿听，更加快快不满。蓝玉和靖宁侯叶升是姻亲，洪武二十五年叶升被追查是胡党人物，被杀，玉既不满，又怕升招出他也是胡党，于是萌发叛逆之心。西征回师，见了朱元璋之后，已觉察出自己处于危险境地。对其亲信说："要先下手。"当时蓝玉串联了各地的侯爵人士及其他一些文武将吏或子弟，曾经为蓝玉部下或往来密切的人，他都派遣亲信进行联络，召集他们在其私宅聚会。阴谋集合诸将吏及其家奴，埋伏甲兵叛乱，而且确定日期为洪武二十六年（1393）二月十五日，在皇帝出城躬耕籍田的时候起事。

蓝玉的谋反计划已经确定和正在实施时，被锦衣卫指挥蒋瓛告发。立即将其首逆逮捕入狱。审讯时命皇太孙及吏部尚书詹徽追问犯罪真相，当场出现了令人吃惊的局面，这就是蓝玉不服：詹徽本是同谋，却斥其："快讲实话，不可专想株连他人！"玉随之大呼詹徽就是他的同党。太孙惊讶地问："真的吗？"马上把詹徽驱逐出去。大狱既定，动用磔刑处死蓝玉，灭其三族。从功臣大吏到辅佐的将士，作为蓝党而被处死的，约二万余人，蔓衍超过胡党狱。有的知名人士，如吴县王行父子，行本是一位才子，曾作教师，因赴京探子，住在蓝玉家，推荐过他，竟以蓝党处死。南海孙蕡曾为蓝玉题画，也被视为同党诛杀。九月，朱元璋下诏宣布："自今胡党、蓝党概赦不问。"算是告一段落。经过这一次诛杀，明朝建立以来的元功宿将相继灭绝了，如列在蓝党《逆臣录》中的有一公、十三侯、二伯。

胡蓝之狱是朱元璋在位时的两大要案，诛杀文武大臣约近四万人，延续十余年。初期的胡党之狱是针对胡惟庸等人有意削弱皇权，遂为加强专制主义统治，将其一一铲除。后来的蓝党之狱，不仅是为了维护朱元璋本人的权威，也是着眼于未来的一个举措了。兴蓝党之狱，其中实有最高层上的深刻矛盾与斗争，是针对功臣武将的一次大屠杀。其实，朱元璋诸子已经成长起来，欲用其亲生骨肉以代替异姓功臣。

4. 文字之祸

文字之祸即是文字狱，它是明初统治阶级内部矛盾的又一表现，同时又是社会矛盾表现形式之一种。明王朝建立之前后，朱元璋做了不少招贤纳谏，重视文人的英明举措，许多耆老儒士纷纷投奔，甘心情愿为其效力。但持以敌对态度的士大夫大有人在，他们不愿出来作官，甚至被聘也不去上任，还有的以断指来拒绝。这样一来，朱元璋不免一方面重视文人儒生，另一方面对他们的敌视态度，加深了不满和猜忌。又有一些功臣武将及好事者挑拨，使朱元璋在文字细节上进行挑剔，望风捕影、吹毛求疵，编造莫须有的罪名迫害作者和当事人。

朱元璋的身世，有两点在封建社会里容易引起非议，一是当过和尚，剃光头，无发；二是参加并领导农民起义，那时被称为"贼"或"盗"。朱元璋自己似乎并不有意隐瞒这些事实，而且在很多场合主动提起这些事，不说是光荣历史，也绝无羞愧之憾。但是，在他当了皇帝之后，别人因为说到这些事，或根本不是说的这些事，可他自认为是含沙射影看不起他，疑心借此诽谤，从而遭到杀身之祸者不在少数。有人把这归之于他的"学问未深，往往以文字疑误杀人亦已不少"。实际情况，恐怕未必全是如此，主要的还是对其统治不满，向皇权挑战的一种方式。至于事实本身，有意诽谤或无意受祸大概都可能存在，这就是祸端所在。

据记载，文字之祸多是由恭贺的表笺所引起。那时地方上的布政司、按察司、都指挥司及卫所进呈给皇帝的表笺，皆令由文人学士所任的教官撰写，表笺出了问题，灾祸也就落到了这些文人学士头上。如诸多地方府学皆令为本府本州所作的表笺中，多有"作则垂宪"、"仪则天下"、"取法象魏"、"遥胆帝扉"、"睿性生知"、"体乾法坤"、"藻饰太平"等恭维之词。但文字的音义犯了朱元璋的忌讳，遭致杀身之祸。所以也可以称为"文字狱"。如其中犯忌最多的是所用"则"字，即音与"贼"相混，被怀疑为辱骂之意。"生"又与"僧"音雷同。又如"帝扉"嫌于"帝非"；"法坤"嫌于"发髡"；"有道"嫌于"有盗"。而"藻饰太平"，竟被疑为是谐于"早失太平"。一些个人禁忌进而扩大化，先是禁百姓取名用天、国、召、臣、圣、神、尧、舜、禹、汤、文、武、周、晋、汉等字，后来又明文禁止百姓取名太祖、圣孙、龙孙、黄孙、王孙、太叔、太先、太第、太帅、太傅、太保、大夫、博士、太医、郎中、太监等字样；医生只许称医士、医人、医者，绝不许称大医、大夫、郎中；梳头人只许称梳篦人，太监只称阉者，等等。以上规定违者处以重刑。

朱元璋坚持对臣下的这种怀疑造成极大的危害，令人颇不服气。有个故事说，当时翰林院一位编修姓张，能直言不讳，朱元璋难以容忍，把张某放出任山西蒲州学正。按惯例应进贺表。张某撰写一表，呈给朱元璋阅视，一看还记得他的名字。见了表文，词中有："天下有道"、"万寿无疆"字样。发怒说："此老还谤我，以疆道（强盗拟之。"立即派人将张某逮来,张某毫不畏惧,引经据典,为自己辩护说:"陛下有旨,表文不许杜撰,务出经典。臣说'天下有道',乃先圣孔子之格言;臣谓'万寿无疆',乃(诗经)臣子祝君之至情'。今所谓臣诽谤,不过如此。"朱元璋听了这位张某的解释,沉思了很长时间,竟说了一句话:"此老还嘴强。"然后下令放了回去,再也不追问了。文字狱前后十三年(从洪武十七年至二十九年),张某是唯一幸免的人。

许多文人学士成了朱元璋多疑的牺牲品。礼部由此而无比害怕,以致请求说:臣下愚蒙,不知忌讳,求皇上能作出规范样式。朱元璋只得命词臣撰定格式,一律遵守,洪武十四年作为标准格式,又重定进表笺样式布告天下。

造成较大影响的文字之祸还有僧人来复在谢恩诗中有"殊域及自惭,无德颂陶唐"之句。朱元璋从中挑剔说:"你用殊字,是说我是歹朱吗?又说无德颂陶唐,是说我无德。虽想以陶唐颂我,而不能也。"这位僧人因此也没有逃脱一死。

朱元璋在表笺中吹毛求疵,使一些人难以理解,又有人考察这是源于明初文臣武将之间的矛盾。说,朱元璋意思要提倡文治,引起诸武将勋臣的不满,他们对朱元璋说:文人善于讽刺,如:张九四请文人之士起名字,则叫士诚。朱元璋说:"这名很美啊。"这些武将进一步说,在《孟子》一书中,有"士诚小人也"之句,他能知道吗?朱元璋因为听了他们的话,阅览全国呈上的奏章,才产生疑心,而文字之祸也就由此泛滥了。这仅是一种推测。朱元璋这一为维护个人的威严，而罗织罪名加害于文人、学士乃至效力于朝廷的当政官员，使无辜者遭杀戮，不仅使人人自危，更甚者是对当代文化思想产生了阻碍和窒息的影响。

5. 科场案

这是朱元璋晚年一场较大并且特殊的文案。全案的首犯为年逾80岁的学士刘三吾。这位大器晚成的儒士，茶陵人，洪武十八年（1385），73岁时被荐，入见朱元璋，面试满意，授左赞善，官至翰林学士。当时正赶上制定各种规章法律，刘三吾多有所参与。还为朱元璋的大作《大诰》及《洪范注》等作序，奉敕主编《省躬录》《书传会选》《寰宇通志》《礼制集要》等书。朱元璋很是满意，并受到礼遇，在朝中与汪睿、朱善并称为"三老"。其为人慷慨率直，不怀成见，自号坦坦翁。尤其是大节不亏。皇太子死后，朱元璋召对群臣，悲痛难忍，似有无所措手足之象，刘三吾立即进言："皇孙世嫡承统，礼也。"一语破的，朱允炆名正言顺地立为皇太孙。

洪武三十年，刘三吾受命与纪善、白信蹈等主考会试。当年三月，朱元璋在奉天殿又亲自进行了策试，有51人廷对，选取陈郊为第一，分别赐郊等进士及第、进士出身、同进士出身。刘三吾主考的榜发，宋琮等51人，皆为南士，北方无一人考中。于是诸生群起而攻之，说"（刘）三吾等南方人，偏袒家乡人。"朱元璋非常气愤，命令侍讲张信等12人复查，郊也参与，他们不理解皇帝的意图。所以，朱元璋还是不满意。据说信蹈故意以劣卷上呈，而且是刘三吾等背地指使这样做的。朱元璋不能容忍，将信蹈等处死，刘三吾因年老罚戍边疆，宋琮也遭戍。

　　明朝科举以来，取士不分南北。因此朱元璋认为刘三吾录取有偏差，所以在当年六月，自己又在奉天殿策试及第举人。先是命翰林儒臣考下第卷中，选"文理优长者"得61人。然后朱元璋亲自廷试。此次选拔韩克忠第一，乃分别赐韩克忠等进士及第、进士出身及同进士出身。这61人，皆北士。当时人们称这年的科举取士为"南北榜"，或"春秋榜"。这次科场案是继文字狱以后，又一次实行专制独裁，有意吸引北方儒士入朝为官，以壮大自己的势力。

十五、家事与晚年之喜忧

1. 皇后及嫔妃

和历代帝王一样，朱元璋广纳嫔妃，帝王有多少妻妾不单是生活的需要和享受，也是权力的象征。朱元璋到底有多少妻妾，记载不一，我们取《国榷》的说法，数目也有差异。除了皇后以外，尚有嫔妃19位，共生有26个儿子，16个女儿。

皇后马氏相伴朱元璋30年，不仅尽了妻子的责任，在相互尊重、相互信任的基础上，对朱元璋的事业发展和成就的取得产生了重大的影响。在朱元璋起步之初，大战两雄的艰苦时刻，马皇后始终紧随其身，照料朱氏的饮食起居，替他掌管文件。有一时期闹灾荒，军中缺粮，马皇后自己忍饥挨饿，想办法贮存些干粮腌肉供给朱元璋食用。当军队作战缺少衣服和鞋子时，马氏便率领将士的妻子不分昼夜的赶制衣服、鞋子；就是军中的公文书信，也全由马氏整理保管。朱元璋需要查询什么，很快能得到答复。据说打下应天后，马皇后仍然习惯保管朱元璋随身的杂记。

朱元璋建国册封马氏为皇后，夸奖她堪比唐太宗的长孙皇后，说："家有良妻，如国家之有贤相"。朱元璋这一说法很恰当，但马氏觉得言过了，心里极为不安，对朱元璋说："妾听说夫妇相保容易，君臣相保却难，陛下不忘夫妻有过的贫贱，也愿不要忘记于群臣有过的艰难，再说妾怎么能跟长孙皇后比呢？只愿陛下效法尧舜，还能够善始善终，与臣下同甘共苦"。说得多好啊！她从夫妻关系推及到君臣相保，从齐家推及治国，足见她对朱元璋事业的看重，并积极支持和关注。

　　马皇后对朱元璋的某些过火行为以及一时冲动所作的事情给予及时纠正，尤其是针对朱经常法外用刑，诛杀异己的残暴行为很不满意。私下里他规劝朱元璋说："君主虽然圣明，但不能一个人治理天下，必须遴选贤圣来共治国家。人无完人，陛下用人应该避其所短，用其所长，尤其要赦免他们的小过，爱惜他们的生命，不要动不动对他们施以酷刑。"

　　每当朱元璋上朝决断政事还宫以后，只要他面带怒色，就婉言劝谏。如宋慎是明初功臣宋濂之孙，因卷入胡案之中，宋濂因此连坐，被逮到京师判死刑，马皇后听说后，向朱元璋求情赦免。她说出很充实的理由："宋学士退休在家，怎么能知道孙子的罪事？百姓人家请教书先生，尚能始终尊敬保护他，何况是太子的老师呢！"朱元璋听后不予采纳。到了吃饭的时候，马皇后特意撤去酒肉，不语不食。朱元璋问为何，马皇后说："我这是替宋先生修福，想代表几个儿子为他们的老师服心丧礼而已"。虽然朱元璋大为不悦，扔下筷子离席而去，

马皇后也不屈服，但最终还是赦免其死刑，改判流放茂州。吴兴的富民沈万三，昔日曾支持过陈友谅，为了将功补过讨好新王朝，主动承担修筑三分之一的应天城墙，修毕，又请求朱元璋允许他捐资犒赏军士，因而犯了忌讳，朱元璋认为这是有意乱民，罪当诛杀。马皇后知道后，对朱元璋说：沈万三自掏腰包犒赏军队，虽不合适，又不吉祥，但并没犯死罪啊！刑法是用来杀不守法的人。朱元璋认为言之有理，就免了沈的死罪，改判流放云南。这几件事可看到马皇后不仅遏制了朱元璋的暴烈脾气，救回了几条人命，还表明马皇后的深明大义，确实维护了明朝皇帝的威信。

马皇后关心民众疾苦及政事，当时也是有口皆碑。每当遇有灾荒之年，她便和宫妃们以蔬菜麦饭为食，以表对民疾苦的关心。某日她问朱元璋天下百姓生活安稳吗？朱说这不关你的事，马皇后立刻说陛下是天下之父，妾也算得是天下之母，子民安宁与否，为母者怎么能不过问呢？可见马皇后豁达的胸怀。同样她也关心国子监的学生带家属吃饭的问题，她给朱元璋建议，设立红板仓，贮存粮食，专门供应太学生的家属，每人每月领米6斗。此后，太学生家眷陪读，由政府支付口粮，解决了学生们的后顾之忧，这对太学生来说是天大的好事啊！从中可看到马皇后对人才的爱惜和关心。另有一事，也可以看出马皇后对人才贤能的重视，在攻克元大都后，有一天，运来了许多珍珠宝物，宫中的人无不欢喜若狂，唯独马皇后，她见到后认识到了亡国者的悲哀，对朱元璋说："元朝有如此多的宝物，为何还守不住呢？帝王是不是还有比珍宝更重要的宝物呢？"朱元璋立刻领悟了她的意思，回答道：

"得贤为宝"。马皇后接着说:"陛下有了贤才,便可以与他们共治天下,这是大宝呀,那些珍珠算得了什么!"由此可见,这位贤内助有非同一般的远见卓识。

马皇后明是非,且明理。朱元璋多次提出要寻访马皇后的亲族,给他们封赏加爵,但都被谢绝了,并说:"国家爵禄应当授予贤能之士,若拿此来私厚外戚,乃非法之举。况且妾家的亲属,未必有真才实学之人;一些骄淫奢侈、不守法度的一旦被任用,前代的外戚之祸就在眼前。如果皇帝真要加恩妾的亲族,那就多赏赐一些钱物,让他们享用好了。如果是庸劣非才,而给他官做,他事必恃致宠致财,这绝不是妾所愿意看到的事。在马皇后的表率师范之下,在明初很少有外戚官至高位,更何况专权呢!

年仅51岁的马皇后,身患重病,卧床不起,她自知病入膏肓,医治无效,就拒绝服药,朱元璋再三劝告,并说明他不会治罪医生的。临终前,她还告诫朱元璋:"愿陛下求贤纳谏,慎终如始,子孙皆贤,臣民得所,妾就死而无憾了。"朱元璋失去了相濡与共三十多年的马皇后,悲恸不已。出于对马皇后的深情厚意,也看到皇后的角色,还没有一个妃子可以充当的,所以朱元璋的晚年再也没有续立皇后。

皇后之下,以贵妃地位最尊,有名号的嫔妃有史记载者有:穆贵妃孙氏。在众多嫔妃中,孙贵妃,陈州人,是元帅马世熊的义女,18岁与朱元璋成婚,无子,生有3女。她在后宫中仅次于马皇后,位于诸妃之上,协助马皇后料理后宫事务,对朱元璋有"警戒相成之助"。

死后，令周王楠行慈母之礼服丧3年，也报以曾抚养之恩，开创了众子为庶母服丧3年之期的先例。而且命儒臣为此作《孝慈录》，可见朱元璋对其恩爱有加。李淑妃是在马皇后死后两年骤起的，心胸大气、聪颖、有智谋，是代行皇后权力深受宠幸的妃子，寿山人。经史学家吴晗先生考证，龙凤元年（1355）生下朱标，后又生秦王朱樉、晋王朱枫，此三子皆由马皇后抚养。可惜寿命不长，死后由郭宁妃代理（总摄）六宫事务。郭宁妃为濠州郭山甫之女，其子为郭兴和郭英。山甫善相面，朱元璋早年路过其家，被相面之后就预言"公相贵不可言"，并对其子说过，将来定能被封侯，封侯人就是朱元璋。于是立即督促两个儿子从朱氏过江，一个女儿也都交付给朱元璋了，后封宁妃。郭宁妃生鲁王朱檀。

　　众嫔妃是如何来到朱元璋身边的呢？一是从民间挑选而来的，如李淑妃、郭宁妃、胡妃，其中不免有强娶的，胡妃原是濠州的胡家寡妇，朱欲娶时，其母不愿，不久就派人给地方官令促成此事，于是终于满足了朱元璋的要求；二是，从元朝宫廷中选取的，其中有蒙古人、高丽人等少数民族，如硕妃、翁妃、韩妃、周妃等人；第三，收纳陈友谅的宫妃。朱元璋在选宫人过程中，也有血腥残杀的手段，据说在一次选宫女中，熊姓宣使有一个年少貌美的妹妹被选中，但熊氏早已许给参议杨希圣。朱元璋知情后大为恼火，所涉及到的人员，都加惩处，有割乳的，有割鼻的，还有打碎牙齿的。后来，朱元璋终未成功，被惩处成为残疾的杨希圣与熊氏成婚了。

　　朱元璋和其他帝王在对待嫔妃的问题上并无二致。这些表面上风光的女人，稍有不慎，就会辄遭不测。朱元璋死后也要把 40 多活生生的嫔妃为他陪葬南京孝陵。

2. 诸子权重

朱元璋共有 26 个儿子，他认为这些儿子既可传宗接代，又将保卫和继承他的大业。为不使名称重复，预先编制了子孙各支名字的叫法。如于皇太子及亲王世系，各拟 20 个字，每个字为一世。子孙初生，宗人府依世次立双名，以上一个字为根据，下一个字则取五行偏旁者，以火、土、金、水、木为序。如为皇太子拟的名字是：允文遵祖训，钦武大君胜，顺道宜逢吉，师良善用晟。燕王府即后来的明成祖一系，当时被拟的名字是：高瞻祁见祐，厚载翊常由，慈和怡伯仲，简靖迪先猷。此外如秦、晋、周、楚、齐、鲁、蜀、湘、代、肃、辽、庆、宁、岷、谷、韩、沈、安、唐、郢、伊，及靖江王府均给定了 20 个字。直到明亡，在明成祖一系才传到"由"字，也就是一半。

朱元璋的诸子辈名字，均为一个字，木字偏旁，如长子朱标。这位嫡长子，曾被定为皇位继承人。至正十五年（1355）生，二十四年立为王世子。洪武元年（1368）立为皇太子，二十五年病逝，终年 38 岁。建文元年（1399）追尊为孝康皇帝，庙号兴宗。

第 2 子朱樉，母皇后马氏。至正十六年生，两年后，以其过失较多，召还京师，赖皇太子为之解说，复之藩。二十八年卒，终年 40 岁。

第 3 子朱棡，母皇后马氏。至正十八年生，洪武三年封晋王，十一年就藩太原。棡浓眉大眼，炯炯有威，既有武略，智数也多。然而性情骄奢，在国多不法。有人状告蓄异谋，朱元璋欲罪之，靠了皇太子力救得免。二十四年随太子进朝，然后归藩，从此折节有礼。朱元璋忧虑边防不宁，特加重视，与燕王同被命将兵出塞和筑城屯田。三十一年早朱元璋两个月而卒，终年41岁。

第4子朱棣，母硕妃。至正二十年生，洪武十三年就藩北平（今北京）。建文二年（1400）起兵靖难。四年攻入南京即帝位，是为明成祖。

第5子朱橚，母皇后马氏。至正二十一年生。洪武十一年封周王。命与燕、楚、齐三王居凤阳。洪武十四年就藩开封，以宋故宫之地为府。后令居京师，由世子有燉理藩事。二十四年敕归藩。建文初，有异谋，遭流放、禁锢。橚为人好学，多才多艺，曾作《元宫词》百章。又搜集400余种可佐饥馑之草，并绘图解释，名《救荒本草》。洪熙元年（1425）卒，终年63岁。

第6子朱桢，母太妃胡氏，至正二十四年生。当时正值平定武昌的捷报至，朱元璋高兴地说："子长，以楚封之。"洪武三年封楚王，就藩武昌。此子有才器，数次领兵平铜鼓、思州诸少数民族之乱。三十年因征古州之蛮，被命为主将，请饷30万，本人却不亲临战阵，遭到斥责。之后屡次受警告，小心谨慎。永乐二十二年（1424）卒，终年61岁。

第7子朱榑，母定妃达氏。洪武三年封为齐王，十五年就藩青州。榑屡次带兵，以武略自喜，但性凶暴，时常犯法。永乐四年以谋反暴露后削去爵位，废为庶人，宣德三年（1428）暴卒，终年63岁。

第8子朱梓，母定妃达氏，洪武二年生。此子聪慧好学，善作文章。

曾召府中儒士，饮酒赋诗，品其高下，赏赐金币。其妃於氏，都督於显之女，二十三年显与其子被牵连为胡惟庸之党，父子同时被杀，梓不自安，朱元璋虽派人慰藉，仍与其妃关闭宫门焚死，终年22岁。

第9子朱杞，母何氏不详。洪武二年生，四年卒。

第10子朱檀，母宁妃郭氏，洪武三年生。檀好文礼士，善作诗歌，但是好服丹药，喜玩女人，毒发伤目，引起朱元璋的厌恶。二十二年卒。

第11子朱椿，母惠妃郭氏，洪武三年生。椿好文学，优礼贤士，博综典籍，朱元璋呼其为"蜀秀才"。既至蜀，聘方孝儒为世子傅，表其居为"正学"，以为蜀人的楷模。还亲到郡学讲学，发现诸博士贫困，把自己的俸禄分给他们，每月一石，后为定制。其他诸王皆练兵备边，椿独以礼教守西陲。但偶遇番人作乱，仍请朝廷发兵。随蓝玉邀击于大渡河，镇服过西川之乱，大多妥善解决了当地的一些争端。在其属地，百姓纳完正常所贡赋以外，禁止额外公开的勒索，蜀人不但因此安居乐业，逐渐富裕，而且保证川中二百年不动干戈。永乐二十一年（1423）卒，终年53岁。

第12子朱柏，母顺妃胡氏。洪武四年生，十八年就藩湖北荆州。柏性好学，读书常至深夜。纳文人学士，从事校雠，志在经国致用。又喜谈兵，膂力过人，善弓矢刀剑，驰马如飞。三十年五月，同楚王桢讨古州蛮叛。尤其喜欢道家之言，自号紫虚子。建文元年（1399），有人告发他谋反，柏惧，全家焚死。

第13子朱桂，母惠妃郭氏。洪武七年生，十一年初封豫王，二十五年改封代王，曾奉朱元璋之命立卫屯田以省粮饷转运，并以护卫兵出塞，受晋王节制。但桂性暴躁，取财戮民，屡次被告发。正统十一年（1446）卒，终年73岁。

第14子朱楧，母妃邸氏。洪武九年生，十一年初封汉王，二十五年改封肃王。曾奉朱元璋之命屯田练兵，永乐十七年（1419）卒，终年44岁。

第15子朱植，母妃韩氏。洪武十年生，二十五年改封辽王。朱元璋忧心边防，对植寄以厚望。植不负所望，在边境，熟悉军旅，屡建功勋。建文时"靖难"兵起，植渡海归朝，改封荆州。永乐二十二年（1425）卒，终年48岁。

第16子朱㮵，母妃余氏。洪武十一年生，二十四封庆王就藩宁夏，二十八年奉诏管理庆阳、宁夏、延安、绥德诸卫军务。㮵好学能文，又颇为忠孝。正统三年（1438）卒。终年61岁。

第17子朱权，母妃杨氏。洪武十一年生，二十四年封宁王就藩大宁。其地在喜峰口外，古称会州，东连辽左，西接宣府，号为巨镇。所谓"甲士八万，革车六千，所属朵颜三卫骑兵皆骁勇善战"。权多次会合诸王出塞，以善谋著称。永乐二年改封南昌，晚年专心于注纂元史。正统十三年（1448）卒，终年71岁。

第18子朱楩，母妃周氏，洪武十二年生。二十四年封岷王，二十八年改封地于云南。因多虐民犯法，一生无所作为。景泰元年（1450）卒，终年72岁。

第19子朱橞，母惠妃郭氏。洪武十二年生。建文时，明成祖起兵，橞还京师，奉命守金川门，开门迎燕师，甚得成祖欢心，永乐初改封长沙。

樉在藩地骄横不法，甚至图谋不轨，被其同母兄蜀王揭发。永乐十五年以谋反罪削爵禁锢，宣德三年（1428）卒，终年50岁。

第20子朱松，母妃周氏，洪武十三年生。松性英敏，好文学，博通古今，谦恭无过。永乐五年（1407）卒，终年28岁。封王后从未就藩。

第21子朱模，母贵妃赵氏。洪武十三年生，二十四年封沈王，宣德六年（1431）卒，终年51岁。

第22子朱楹，母妃何氏不详。洪武十六年生，二十四年封安王，永乐十五年（1418）卒，终年35岁。

第23子朱桱，母贤妃李氏。洪武十九年生，二十四年封唐王，永乐十三年（1415）卒，终年30岁。

第24子朱栋，母惠妃刘氏。洪武二十一年生，二十四年封郢王，永乐十二年（1414）卒，终年27岁。

第25子朱㰘，母丽妃葛氏。洪武二十一年生，二十四年封伊王，永乐六年就藩洛阳，十二年卒，终年27岁。

第26子朱楠，母为何氏不详。洪武二十六年生，一个月后而卒。

朱元璋的26个儿子，有7个儿子先他而卒。这不影响其传宗接代，因为不仅尚有19个儿子健在，而且至朱元璋逝世前已有51个孙子出世了。但是在先卒的诸子中，造成严重后果的是长子朱标之死，虽然有长孙朱允炆继位为皇太孙，继承人尽管按程序确立了，毕竟尾大不掉之势正在形成，导致明朝统治上层的争权斗争因此加剧。后来确实酿成一场大规模的全面内战，从而使燕王朱棣登上皇帝宝座，彻底破坏了朱元璋对身后之事的安排，改变了嗣后的皇位传承系统。

3. 公主与驸马

朱元璋有 16 个女儿。长女，临安公主，洪武九年嫁给驸马都尉李祺。祺为太师、韩国公李善长之子。二十三年，李善长因与胡惟庸结党被赐死，不久祺卒，公主活至永乐十九年（1422）。次女，宁国公主，洪武十一年嫁给驸马梅殷。殷为汝南侯梅思祖之子，在诸驸马中，朱元璋最喜欢梅殷。晚年密令梅殷辅助皇太孙。朱棣起兵靖难，梅殷充总兵官镇守淮安，阻止燕兵在此通过，朱棣为此大怒。待朱棣即帝位，殷仍拥兵淮上，不服朱棣。永乐三年十月，乘殷入朝之机，前军都督金事谭深、锦衣卫指挥赵曦，硬将殷挤于笪桥下，溺死，然后说是自我投水。另一位都督同知许成揭露了事实真相，朱棣反而命令以法将深、曦处斩，为梅殷大办丧事，封许成为永新伯。然后任梅殷二子为官，同时写信安抚公主。这位公主活了 71 岁，至宣德九年（1434）卒。

第 3 女，崇宁公主，洪武十七年嫁给驸马牛城，不久卒。第 4 女，安庆公主，洪武十四年嫁给驸马欧阳伦。二十八年，伦以贩私茶出境，违法，朱元璋大怒，赐死。第 5 女，汝宁公主，洪武十五年嫁给驸马陆贤。贤为吉安侯陆仲亨之子。第 6 女，怀庆公主，亦洪武十五年嫁给驸马王宁，宁寿州人，因娶了公主而被任命掌后军都督府事。建文时，因泄露军情于燕，被下锦衣卫狱。朱棣即位，称其："孝于太祖，忠于国家，正直不阿。"被封永春侯。宁能诗，好佛，后来也不被信任了。第7女，大名公主，洪武十六年嫁给驸马李坚，坚父英曾任骁骑右卫指挥佥事，从征云南阵亡。坚有才勇，既娶公主，受命掌前军都督府事。建文时，先战燕兵，封滦城侯。及滹沱河之战被擒，在送往北平途中，卒。公主于宣德元年（1435）卒。第8女，福清公主，洪武十八年嫁给驸马张麟。麟为凤翔侯张龙之子，未嗣侯，永乐十二年（1414）卒，3年后公主亦卒。第9女，寿春公主，洪武十八年嫁给驸马傅忠。忠为颍国公傅友德之子，朱元璋钟爱此女，特赐吴江县肥田120余顷，岁入地租8000石，超过其他公主数倍。二十一年（1388）卒。第10女，早卒。第11女，南康公主，洪武二十一年嫁给驸马胡观。观为东川侯胡海之子，海曾犯罪被夺禄田，因观为驸马娶公主，诏给田如故。朱元璋对观严格教育，观也颇知礼义。建文时随从李景隆北征，为燕兵捉捕。永乐初，遭贬斥，不久自缢死。正统三年（1438）公主卒。第12女，永嘉公主，洪武二十二年嫁给郭镇。镇为武定侯郭英之子，建文元年镇卒，未嗣爵。公主至宣德十年（1435）卒。第13女，早卒。第14女，含山公主，洪武二十七年嫁给驸马尹清。建文初，清为后府都督，先卒。公主至天顺六年（1462）卒。第15女，汝阳公主，洪武二十七年嫁给驸马谢达。达父彦为前军都督佥事。仁宗即位，公主与宁国公主等七人，皆晋称大长公主，并为以后诸帝即位公主晋封之例。第16女，宝庆公主，朱元璋最幼之女，永乐十一年嫁给驸马赵辉。辉父和，曾以千户从征安南阵亡，辉袭父千户之职，又守金川门，壮貌伟丽，选为驸马。公主于宣德八年（1433）卒。

朱元璋诸女儿女婿的经历说明：第一，他想以此加强其统治，借助与文臣武将的联姻关系，扩大其社会基础；第二，她（他）们的力量较诸王小得多，又因女儿必须成年才出嫁，其发挥作用的时间也较诸王为晚，大多数在洪武十年以后陆续登上政治舞台；第三，表现差别很大，大多数是积极维护明朝统治的，个别的在洪武朝已处死；有些在建文朝崭露头角，或忠于朝廷，至永乐时遭贬；极个别的在建文朝倾向燕王，至永乐时得宠于一时。总的来看，这是朱元璋家族分出来的一派重要的政治势力，反映了中国传统封建社会的统治结构。

4. 晚年之喜忧

阴历八月，正是一年之中的黄金季节。五谷丰登的秋收果实不仅给农家带来了欣慰，也使首屈一指的南京城内增添了繁华似锦的物资供应。已经当了二十七年大明国君的朱元璋，更是踌躇满志，要在这个时候与民同乐一番。

为此次活动充分显示有声有色，朱元璋下令工部，在江东诸门之外做 10 个酒楼，使市民们广设酒馆饭店穿插其间，用以接待四面八方前来的宾客，保障其吃喝住宿。所有设置的酒楼，不只是装饰华丽，气势雄伟，还要有文化的韵味，各个有着幽雅的美名，如"鹤鸣"、"醉仙"、"讴歌"、"鼓腹"、"来宾"、"重泽"等名。正在建设中途有感于不足，又增建 5 个酒楼。洪武二十七年（1394）八月二十三日，所建酒楼共 15 个全部竣工。朱元璋再次发布诏书，赏赐文武百官大明宝钞，并下令在醉仙楼举行隆重的宴会。朱元璋晚年有此兴致，绝非偶然，大明王朝经他的创建、巩固和发展，至此的确取得了令人可喜的成就。他的侍臣们评论说："陛下武定祸乱，文致太平，天下翕然同风，咸蒙至化。所谓十年平之，十年富之，十年和之，真有奇效矣。"这对明初 30 年社会形势的变化概括得比较贴切。

　　明朝建立后的前 10 年，对扫除元朝残余势力，削平群雄，统一全国，付出了巨大的力量，成为当时国家的主要任务。第二个 10 年重点转移到发展经济，并逐渐显现出了国家的富强。第三个 10 年，在已有的社会安定和经济实力增长的基础上，振兴文教，扩大对外友好关系，等等。实际上这 3 个阶段也不能截然分开，只是从突出重要方面略作区别而已。朱元璋的晚年，就是所说的第 3 个 10 年，这是以前所有努力开花结果的时期，那些好的方面仍在继续发展。如社会环境，这时武装作战明显减少，尤其在内地，更趋安定。

　　首先反映的是财富充足。土地是封建社会的主要生产资料。耕地面积猛增，粮食增产，军储除军饷外还有剩余。水利工程大有起色，灾害减少，这一切充分证明了实力的增长。

　　第二是社会安定。中国向来把社会安定作为追求的目标和理想，但是能够达到目的者为数其少，而且坚持时间均不长久。朱元璋是达到这种目的的少数者中之一，为此他除因大力发展社会经济并以此为基础之外，还千方百计解决贫困人民的衣食之需。如设养济院收无家者，每月给粮吃。设漏泽园葬贫民，天下府州县立义冢。在立法上，"右贫抑富"，等等。晚年，朱元璋更加有条件并热衷于致力社会安定。

其中最常见的措施就是遇有水旱天灾，随时蠲免赋役或发放粮食、布帛、钱钞等进行救济。

洪武二十八年二月，朱元璋听到了建立互助社的建议。应天府上元县（今南京市）典史隋吉告知：农民之中，有一夫一妇，受田百亩或四五十亩者，当春夏时，耕耘之务正忙，有的不幸，丈夫生病，而妇人给汤药，农务既废，田亦随荒。待病好了，则农时已过，上无以供国赋，下无以养家室，穷困流离，为此"请命乡里小民，或二十家或四五十家，团为一社"。每遇农急之时，有疾病，则一社协力助其耕耘，既可使田不荒芜，又可使民无饥窘，还能加强百姓亲睦，造成淳厚的社会风俗。"按照朱元璋的意思，肯定人民之间的相互帮助，特别是富者帮助穷者尤为必要，但他不提倡几十家人民"团为一社"的主张，只想利用政府基层组织的乡、里。他要求户部将此意通告全民知之。可能他怕的是人民聚众造反。

第三是教化广行。首先是学校教育，在洪武末年非常兴盛，不仅在南方，而且扩大到北方及边疆，使各地府州县学办得一派生机，并与中央的国子监形成有序的阶梯。每年有大批来自地方的生员送监考留，会试下第举人也得入监卒业。据《明史》所载，"于是直省诸士子云集辇下"。更值得一提的是，朱元璋把招收少数民族地区的学生入国子监读书和参加科举考试，作为对各该少数民族一项重要的待遇和恩惠，也是加强对该地区统治的一项国策。洪武末年，因此而有云南、四川的"土官生"，从几人、十几人到几十人送监读书。甚至对外国也招其学生来中国学习，加强彼此的文化交流和友好关系，高丽、安南、占城、日本、琉球、暹罗等国皆有官生入监读书，厚给赏赐，并给其从人。

科举考试与学校教育并行。从洪武十八年恢复举行以后，一直正常地按规定3年1次，二十一年、二十四年、二十七年、三十年，连续举行。每次都由朱元璋亲策于朝廷。应会试的举人多者如二十四年为600人，少者为二十一年97人。无论人数多少，能如此一次次举行，就是社会安定，教育发展的表现，岂不令朱元璋高兴！

教化不单是学校教育，在官吏中推行教化尤为朱元璋所关注，因为这和社会整个风尚紧密相连，也与统治的稳定分不开。清代著名史学家赵翼指出"明祖晚年去严刑"，说的就是朱元璋晚年不再像初年那样大肆杀戮功臣了。但是他没有说明朱元璋并非无条件放纵有罪的贪官污吏等犯人，而是在一定程度上以教化代替了残酷的刑罚。洪武二十三年二月，湖广沅陵县主簿张杰有罪，应罚输作，自己请求抚养老母。其母遭元末兵乱，守节教子，期于有成，不料儿子犯罪。通政使司将其事呈上，朱元璋即怜而宥之，认为，"妇人当乱世能守节教子，可以励俗"，即命礼部榜示天下，并给杰增加了禄秩，使终养其母。右军都督府佥事王庸，犯罪当死，自我陈述其罪恶于朱元璋，法官请论如律，朱元璋却感到"人莫难于知过，既能引咎自责，当复为善人"，于是免其一死，命解除官职，送云南平夷卫代其父屯守。他非常强调"治道必本于教化"，促使人民趋善而不为恶。二十四年，安庆知府周昌的一席话，引出一个故事，颇有意义。周昌提出，当时士人有的因为一点小过被罢黜，而其才足堪任用，但按例又不能举，应当给予宽宥，使得复被举荐起用。吏部官对此持异议，说"有罪复用，无以示惩"，不能听周昌之言。朱元璋最后表态，他说："良工琢玉不弃小玼，朝廷用人，必赦小过。故改过迁善，圣人与之；录长弃短，人君务焉。苟因一事之失而弃一人，则天下无全人矣。昌之言诚是。"于是下令凡士人因小过罢黜及迁谪远方者，知其才德果优，并听举用。

朱元璋在用刑方面，总是使人感到太重，至少是矛盾的。即重犯轻判，或重罪轻罚的事例可举者不少；而轻犯重判，或轻罪严惩的更多。尤其是有的使人以为并没有犯罪，结果一下子就杀头了，其中以文字狱的事例最突出。好像写篇文章用个词，本无意攻击朱元璋，却被视为十恶不赦，严惩不贷。还有些是所犯罪过与给的惩罚不相称，或轻或重，没有统一标准，好像以个人的喜怒无常来代替法律上的严格规定。晚年这方面也有所改变了。对一个帝王来说，喜和忧在其心中始终是并存的。

洪武二十九年正月的一天，朱元璋向左右侍臣问起民间事。回答皆是"天下之民幸蒙至治"等吹捧之词。朱元璋晚年尽管自认未达"至治"，但的确流露出对社会经济发展的自满情绪，他则认为谁也做不到彻底消灭"穷民"，连向来中国人最崇拜的尧舜之君也没有做到。然而他提出问题的本身却也表明，他还有忧虑，存在着对这个国家诸多不安之处。而他问民间事，又说明对下层人民不放心，可以说是首先忧虑之处。如：

洪武二十二年八月，江西赣州府瑞金县丞古亨提出，他所在的县境，东接赣、闽、广，山川险阻。近期有邻邑"山贼"作乱所惊扰，居民久废耕稼，田多荒芜，租税无所从出，乞请免除徭役，蠲其无征之赋。

第二年，发生在广东的一起"山贼"起事，远比前者严重。地点在黄田，首领为袁万山。先仅聚众劫掠，后来发展为有根据地和一定组织。与官军作战，败则入豁洞，官军退则复出。广东都指挥王才设伏，万山归途遇伏被斩，官军追击，捣其"巢穴"。令人震惊的是洪武三十年正月，汉中府沔县吏高福兴及民人田九成、僧人李善治发起的动乱。至九月，在官军穷追猛捕的进攻之下，高福兴等五位首领被擒杀，部众 4000 余人虽被宽宥，但一律为军。

由农民起义出身的朱元璋，对来自社会最底层的反抗总是特别敏感，时刻怀有警惕之心，更何况这种反抗不断爆发了。在朱元璋看来，解决农民的流徙及反抗，最根本的问题，一是保证他们的衣食供给，二是取消苛政。但是他没有信心达到这两项目标。认识到了农民需要实惠，但是在那个时代还没有切实可行的办法提供这种实惠，洪武帝的担忧合乎情理，却难以解决。

忧中之重应属国本未固。中国封建社会常常把皇太子和首都称为国家的根本，从而使人们认识到此二者与国家长治久安和前途命运大有关系。朱元璋晚年在皇太子与首都的确立上都很不理想，反映出他对未来的忧虑。

朱元璋对皇太子按着皇室的规定，对其进行了全面的教育。皇太子朱标明确涉足政事，是他 23 岁时。这是洪武十年六月。朱元璋下令，群臣自此大小政事"皆先启皇太子处分，然后奏闻"。

然而这位皇太子与其父皇的政见并非完全相同，洪武十五年，在给囚犯定罪轻重上暴露出来了。一天，朱元璋审理囚犯既毕，命御史袁凯送到皇太子处复审，结果依次做了减轻。袁凯返回向朱元璋奏报。朱元璋问："朕与太子孰是？"袁凯回答："陛下法之正，东宫心之慈。"朱元璋对袁凯老奸巨猾，不分是非，极为厌恶。袁凯为此恐惧万分，佯装颠狂得免，请求辞官归老于家。其实这件事错误不在袁凯，而是皇帝与皇太子存在矛盾。皇帝发问的本身就是问题，难为臣下更是错上加错。

不过绝不能因此认为父皇对朱标已失去信心，朱元璋依然认为朱标是永保基业的接班人。洪武二十五年四月二十五日，39岁的皇太子朱标逝世了。朱元璋极为悲痛。

"国本"之丧，在明朝立即引起一阵震动。其焦点集中于谁来接朱元璋的班。据说，朱标死后的第三天，朱元璋便在东角门召集廷臣说自己老了，皇太子又不幸逝世，虽是命运安排，但古代六国时曾传"国有长君，社稷之福"一说，提出"朕第四子（朱棣）贤明仁厚，英武似朕，朕欲立为太子何如？"在场的翰林学士刘三吾马上进言："陛下言是，但置秦、晋二王（均长于朱棣）于何地？"朱元璋来不及回答，又是一阵大哭，议论也暂时作罢。也有的历史记载说，朱标死后，朱元璋召对群臣痛哭，刘三吾当即建议："皇孙世嫡承统，礼也。"朱元璋便内定以朱标之子为继承人了。至九月，正式立朱允炆为皇太孙，允坟为朱标第二子。继承人尽管按程序确立，因此明朝统治上层的争权斗争逐渐白热化，皇帝朱元璋又多了一份忧虑。

首都的事情终未选定，与皇太子之早逝，给朱元璋同样添忧。明朝建国于南京，也就以南京为首都了。惟宫城前昂中洼，形势不称。朱元璋表示"本欲迁都，今朕年老，精力已倦，又天下新定，不欲劳民。且废兴有数，只得听天，惟愿鉴朕此心，福其子孙。"不想迁都，却要迁民。迁徙人民在明初极常见，但除了从狭乡向宽乡迁徙之外，较为特殊的是向临濠及南京迁民。如迁无田者往耕临濠之外，复徙江南民14万于凤阳。有人说，这是充实朱元璋的家乡。他们是富民，本不乐于迁徙，迁徙之后生活又很贫困，"逃归者有禁"，有些借故潜出，省墓探亲。一曲《凤阳花鼓词》，道出了他们的心声："家住庐州并凤阳，凤阳原是好地方，自从出了朱皇帝，十年倒有九年荒。"唱者都是乞丐，讨饭流浪，一路风尘仆仆。朱元璋却没有因为出现这种惨状而改变主意，相反，他在晚年，又向南京内迁徙富民。洪武二十四年七月，他责成由工部负责迁富民五千三百户到南京。一方面用他们充实京师，以达到居重驭轻的目的，另一方面也对他们进行控制，免得在地方上添乱。这一切都反映出朱元璋的忧虑之心。

朱元璋撒手人寰前，最放心不下的是皇太孙朱允炆能否支撑大明王朝的江山、降服他那些众多的长辈们。朱元璋在遗嘱中也表现出来了，"嘱托仁明孝友，天下归心，宜登大位，内外文武臣们，同心辅政，以安吾民"。

朱元璋的忧心是早就存在的。还在皇太子朱标病亡，朱允炆被立皇太孙时，就已萌生了。朱允炆奉命掌军国大事时，与其祖父截然不同，前者执政严刑峻法，众官吏畏若寒蝉。后者却是开明宽容，博得朝廷上下的爱戴和拥护，但却出现了有些亲王，他的那些叔父们的仗辈长之尊，时有威胁之势和多有不逊，朱允炆也常以此烦恼。

有一天，祖孙二人为此展开了一次对话，祖父说：我把抵御外敌入侵的事儿托付给了诸王，可保边界无衅事，使你有一个安全的环境。当时朱允炆就把自己的忧虑说了出来，问道："外敌动乱诸藩可以抵挡，若诸王不安定，谁来抵御呢？"问得好！触到朱元璋的痛处了，祖父沉默不语，好些时候才开口说：你打算怎么办呢？孙子毫不犹豫的回答说："以德怀之，以礼治之，不可则削其地，又不可变置其人，又其甚则举兵伐之"。这是先礼后兵的策略，也是势在必行的办法。得到朱元璋点头肯定，"是啊！看来也只能是这样了。"这说明朱元璋晚年对诸王的势力膨胀形成尾大不掉的形势早已有所察觉。所以，朱元璋临终之际，防止诸王争权，便在遗诏中禁止诸王至京奔丧；诸王驻跸国中，不得到京；王国范围内的文武吏士听朝廷节制，惟护卫官军听王，其他命令于此有不符的，以此令为准。特别申明，王国所在文武吏士，听从朝廷节制，王府护卫官军听诸王指挥调遣。这也算是朱元璋对皇太孙作的最后一件事。

朱元璋病逝（驾崩），依据遗诏，朱允炆禁止诸王奔丧。因此，诸王很不高兴，加深了对小王孙皇帝的不满。洪武三十一年闰五月十六日，皇太孙朱允炆即皇帝位，诏以明年为建文元年。同日，葬朱元璋于孝陵。从此大明开国之君便长眠于南国金陵钟山之阳，谥号高皇帝，庙号太祖。

朱元璋把大明视为自家产业，这也是封建帝国小农观念的局限性所在，有非朱氏而王者，天下共击之的传统思想。朱元璋为使其子孙把持对明朝的统治，不乏大肆铲除异己，维系朱家天下。

胡惟庸之狱是最明显不过的铲除异己政治势力的案例，从洪武十三年至二十三年，牵连冤枉者达上万人。这一事件让明朝有名的才子解缙感到有"恐四方之解体"之忧。解缙在洪武二十一年成为新科进士，很得朱元璋青睐。但他年轻胆壮，就写了《大庖西封事》《太平十策》向朱元璋建言，指出朱元璋当政"台纲不肃"、"进人不择否"、"夺民之利"等用人行政的弊端。尽管解缙上书很真诚，但被朱元璋视为"政治上不成熟"，令他父亲解开携子归，益令进学，即被罢官，回家念书去了。由此可看出，解缙太不识时务，他的建言在当时对朱元璋加强法制，惩治一切反对势力是极其不利的。因为胡党之狱是防止异己势力向皇权挑战的反击。洪武二十六年又铸成蓝玉之狱。这一大案是在皇太子朱标死后发生的，所以在很大程度上是为解除洪武之后对朱家的忧患，惟恐朱家的子孙控制不住那些老辈的武将文臣。

为了削弱可能出现的反对势力，以及对武臣的关怀，洪武二十九年九月，下诏全国致仕武臣会集京师，共2500余人，各晋秩一级，进行赏赐。按从军年限不同，把他们分成三个等次，分别按指挥使、同知、金事及千百户镇抚等赏给银、钞数十百两，锭不等，诸将叩谢。朱元璋见此，直言提出，我们都是从艰难历程中走过来才有今天的安宁，我的子孙保有天下长治久安，你们的子孙也会享有永久的官运和俸禄。这就告诉武将们，有朱家的天下，才有你们的前途。诸将们听后无不感激，以致有人热泪盈眶。经过如此的软硬兼施，朱元璋对来自骄兵悍将的威胁减少了许多。

外界的不稳定因素固然可以安抚、平息，但自己的子孙都逐渐成长起来，并彼此有了矛盾，且成了心腹之患，担忧内讧骤起，动摇朱家王朝的根基。的确，朱元璋所立的皇太子和皇太孙因为过于宽厚使他不太满意。重要的是此时第四子燕王朱棣，恃机以待要改变现状，要成为朱元璋的继承者。这一形势，在位的太孙也早有预料。怎么办？朱元璋料到诸子及孙辈之间存在矛盾，很难从个人身上消除。又恐怕施以行政干预会失去控制。于是他拾起"祖训"作武器，令人编成一部《永鉴录》，搜集了历代宗室诸王为恶悖逆的人物，直叙其事实分类编成，书成后，颁给诸王。其目的就是要当时的诸王引以为诫，不要重蹈覆辙。后来又正式颁布了《皇明祖训条章》，言明后人若有言更祖制者，以奸臣论。朱元璋在这些训令中，指出：第一是维护朱氏王朝，把国家政权视为朱家之天下，认定只有朱家一姓才有资格统治这个国家；第二，坚持皇权至高无上。凡一切法令法制，诸王大臣可以议论，而最后的决定权，只能属于皇帝一个人；第三是推尊他自己，不仅在现实，就是在后世和未来，都要按他所制定的规章制度行事，要造成一个没有朱元璋的洪武政治。这种深谋远虑，无疑暴露出朱元璋的忧虑和恐惧。朱元璋用申明祖训的办法，安排后世，实属他的一大发明，明朝当代人正是这样认为的。

朱元璋的一世轰轰烈烈，叱咤风云，开拓奋进，殚精竭虑，直到生命的最后一刻，他毕生艰难创业，可歌可泣；他创一代典章制度，为子孙奠定了270多年的长治久安的统治根基，并为历代封建王朝所效仿。他从一名身无分文的和尚到至高无上的一国至尊的皇帝，成就了一代空前的伟业。一生的旅程，充满了惊险、幸运与传奇，是一副壮观的人生画卷。他的经历超越了历代创业之君，可堪称千古一帝，比之秦皇汉武，唐宗宋祖，他都毫不逊色！